Waltraud Herdtweck

Rhythmik

Reihe: Die Kindertagesstätte
Grundlagen - Inhalte - Methoden
Hrsg. von Josef Hederer

DON BOSCO VERLAG

Die Deutsche Bibliothek — CIP-Einheitsaufnahme

Herdtweck, Waltraud:
Rhythmik / Waltraud Herdtweck.
— 1. Aufl. — München : Don-Bosco-Verl., 1994
   (Reihe: Die Kindertagesstätte)
ISBN 3-7698-0750-2

1. Auflage 1994 / ISBN 3-7698-0750-2
© by Don Bosco Verlag, München
Umschlaggestaltung: Felix Weinold, Schwabmünchen
Fotos: Norbert Gierke, Michael Grabow, Lilo Hehn, Alexander Herdtweck, Waltraud Herdtweck
Kinderzeichnungen: S. 26, 54, 62, 75, 77, 83: Ariane, S. 59: Katharina
Gesamtherstellung: Salesianer Druck, Ensdorf

Dieses Buch wurde gedruckt auf chlorarm gebleichtem, umweltfreundlichem Papier.

Inhalt

Rhythmik im Kindergarten – Lernen durch ganzheitliches Erleben ... 9

Erlernen durch ganzheitliches Erleben ... 9
Mein Verständnis von Rhythmik ... 10
Grundbedingungen rhythmischer Erziehung ... 11
Übungshilfen zur Bewegungsführung ... 12
Praktische Hinweise ... 14

Rhythmikspielstunde mit dem Seil ... 15

Vorüberlegungen ... 15
Methodischer Aufbau ... 15
Graphische Darstellung einer Rhythmikspielstunde ... 16
Verlauf einer Spielstunde mit dem Seil ... 18
    Bewegungsphase zur Orientierung ... 18
    Austeilen der Seile ... 18
    Experimentierphase mit dem Seil ... 20
    Bewegungsphase mit dem Seil ... 20
    Formen legen mit dem Seil ... 21
    Wahrnehmungsförderung mit dem Seil ... 25
    Mögliche Schlußaufgabe ... 26

Rhythmik – von der Natur angeregt ... 27

Rhythmik im Herbst ... 27
Bewegungserziehung mit Blättern ... 27
    Einstieg in die Spielstunde ... 27
    Bewegung im Raum mit einem Blatt ... 28
    Bewegung um die am Boden liegenden Blätter ... 28
    Musik führt die Bewegung ... 29
        „Tanzende Blätter" ... 29

Experimentierphase	29
Fortbewegen der Blätter ohne die Hände	30
Fallen – in Teil- und Totalbewegungen	30
Formen und Farben erfassen	31
Formen erkennen und mit Seilen wiedergeben	31
Zuordnen der Formen	32
Spiele mit Herbstfrüchten	32
Erfahrungen über die Sinne	33
Experimentierphase	33
Sprechvers mit Herbstfrüchten	34
„Kastanien"-Lied	34

Wind – Luft – Bänder ... 36

Luft erleben	36
Austeilen der Bänder	36
Experimentierphase zur Musik	36
Musik führt die Bewegung	37
Bewegung führt die Musik	37
Gruppenaufgaben mit Bändern	38
Leicht – schwer	38

Erweiterung: Luftballons und Knuddelkopps ... 39

Luftballons	39
Der unsichtbare Luftballon	39
Experimentierphase	40
Der Luftballon im Partnerspiel	41
Der Luftballon als Knietrommel	41
Spielgeschichte mit Geräuschen	42
Rundspiele mit der Luftballon-Trommel	42
Spiele mit Knuddelkopps („Streßsäckchen")	42
Von leichten Luftballons zu schweren Knuddelkopps	43
Bewegung im Raum	44
Bewegung um die Knuddelkopps	44
Wahrnehmungsphase	44
Möglicher Abschluß	44

„Munkepunk" – eine Zwergen-Klang-Geschichte im Herbst 45

**„Schnick und Schnack" – Sprecherziehung
mit zwei lustigen Fingerzwergen** 46

Motivation und Methode 46
Einführung durch ein Gedicht............ 47
    „Die Wundernuß"............ 47
Gedichte und Sprechverse 50
    „Klicker-Klacker" 50
    „Tipp-Tapp, Tripp-Trapp"............ 53
Strickanleitung für die kleinen Fingerzwerge 54

Sprechzeichnen............ 55

Warum Sprechzeichnen im Kindergarten? 55
Zur Methode des Sprechzeichnens 55
Sprechzeichnen am Beispiel
„Sieben kecke Schnirkelschnecken"............ 57
    Methodischer Ablauf 57
    1. Teilschritt: Bewegung im Raum 57
    2. Teilschritt: Einführung des Sprechverses............ 58
    3. Teilschritt: Teilbewegung und Lernen des Verses 60
    4. Teilschritt: Malbewegungen in verschiedenen Tempi 60
    5. Teilschritt: Bewegung wird hörbar und sichtbar 60
Reime und Verse zum Sprechzeichnen............ 61

**Ein Bilderbuch wird lebendig: „TAO"
– ein Themenkomplex für die Rhythmik** 63

Themenkomplex in der Rhythmik? 63
Gliederung in Teilthemen 63
Inhalt des Bilderbuches 64
Einführung in das Thema 65
1. Thema: Ruhe – Bewegung 65
    Bewegung im Raum zur Musik 65
    Bewegung um Hindernisse 66
    Musik hören und wiedergeben 66

2. Thema: Fühlen – Spüren 67
   Wahrnehmungsförderung im Spiel mit Reissäckchen 67
   Bewegung mit den Reissäckchen 68
   Bewegung um die Reissäckchen herum 69
   Sinnesspielübung 69
   Partnerspiel mit Reissäckchen 70
   Gruppenspiel 70
3. Thema: Sehen 70
   Tücher und Musik 71
   Gruppenspiel: Das „Blumenspiel" 72
   Drei Lieder zum Thema „Sehen" 74
      Unsre Wiese hinterm Haus 74
      In unserm Garten blühen die Blumen 76
      Sommer legt sein grün Gewand 78
4. Thema: Vertrauen – Helfen – Freund-Sein 79
   Führen und folgen 79
   Gruppenaufgabe 79

TAO – eine Klang-Geschichte 80

Literaturhinweise

1. Gertrud Bünner, Peter Rötig: Grundlagen und Methoden Rhythmischer Erziehung. Klett 1971
2. Fink-Klein, Peter-Führe, Reichmann:
   Rhythmik im Kindergarten. Herder 1987
3. Ingeborg Becker-Textor: Mit Kinderaugen sehen. Herder 1992
4. Renate Klöppel, Sabine Vliex: Helfen durch Rhythmik. Herder 1992
5. Witoszynskyj, Schindler, Schneider: Erziehung durch Musik und Bewegung. Österreichischer Bundesverlag, Wien 1989
6. Catherine Krimm-von Fischer: Erziehen mit Musik und Bewegung. Herder 1992

Rhythmik im Kindergarten –
Lernen durch ganzheitliches Erleben

Rhythmus, das ist die Grundlage für das Leben. Atemrhythmus, Körperrhythmus, Tagesrhythmus, Lebensrhythmus – das alles bestimmt unser Leben. Der Rhythmus gibt das pulsierende Gleichmaß (Metrum) für die Ruhe, aber auch die Lebendigkeit, er gibt Impulse in seiner Struktur und in der Vielfältigkeit seiner eigenen Dynamik.

Um die Jahrhundertwende, als mit der Faszination der Technik das erste große Industriezeitalter begann, versuchten einige Menschen, sich dieser Zusammenhänge wieder bewußtzuwerden. Mit dem Schlagwort „Zurück zur Natur" wollten sie den Bedürfnissen und der Gesundheit des Menschen entsprechen. Es bedeutete, sich seines Körpers und seiner Ertüchtigung, der Zusammenhänge von Leib, Seele und Geist zu erinnern.
H. Günther beschreibt dies so: „Das Grunderlebnis der Jugendstilepoche ist rhythmisch-dynamischer Art. Tanz, Sport, Körperkultur, Rhythmik sind keine Randerscheinungen des Jugendstils, sondern sein Herz. Raum, Rhythmus, Schwung und Bewegung, Körperkultur und Leibesgefühl, Rhythmus und Welle sind Schlüsselworte der Zeit, ihrer Philosophie, ihrer Kunst, ihrer Dichtung, ihres Tanzes."[1]
Sigmund Freud hielt 1916 seine Vorlesungen über Ich, Über-Ich, den Traum, die Angst. „Turnvater Jahn" brachte die körperliche Ertüchtigung unters Volk.

Der Schweizer Musikpädagoge Emile *(Jacques-) Dalcroze* (1865–1950) entdeckte in seinem Musikunterricht die Intensität der Beziehungen zwischen Musik und Bewegung, den Rhythmus als Basis des Lebens. Daraus entwickelte er im Ansatz das Prinzip der Rhythmischen Erziehung:

Erlernen durch ganzheitliches Erleben

Erlernen durch ganzheitliches Erleben.

---

[1] H. Günther: Historische Grundlinie der deutschen Rhythmusbewegung; in: Bünner/Röthig: Grundlagen und Methoden Rhythmischer Erziehung. Klett, Stuttgart 1971, S. 38

1911 gründete Dalcroze inmitten der von Wolf Dohrn begründeten Gartenstadt *Hellerau* bei Dresden die *Bildungsanstalt Hellerau,* in der 1914 etwa 500 Schüler aus 14 Nationen studierten.[2]

Mimi *Scheiblauer,* eine Schülerin von Dalcroze, setzte ihre Erfahrungen im Pädagogischen Bereich in der Arbeit mit verhaltensauffälligen und behinderten Kindern um. Sie erlebte die heilende Wirkung der Rhythmik, der Wechselbeziehungen von Musik, Sprache und Bewegung.

In Deutschland war Elfriede *Feudel* die Frau, die den Leitgedanken der Rhythmik an den Hochschulen auch über die Jahre des Zweiten Weltkrieges trug und dafür kämpfte. Sie war glücklicherweise nicht allein. Viele haben ihr geholfen, die ich hier nicht alle nennen kann.

Meine Dozentinnen, die mich persönlich mit der Rhythmik vertraut werden ließen, waren die Professorinnen Frau Lieselotte *Pistor* und Frau Gertrud *Bünner.* Diesen beiden Frauen sage ich auf diesem Wege meinen Dank dafür, daß sie mir halfen, überzeugt und fasziniert meinen beruflichen Lebensinhalt zu finden.

Mein Verständnis von Rhythmik

Rhythmik ist eine Erziehungsmethode, die sich der Mittel von Musik, Sprache und Bewegung bedient. Ihr pädagogischer Ansatz ist ein *ganzheitliches Lernen durch Erleben und Erfahren* nach den Kategorien von *Raum, Zeit, Kraft und Form.*

Maßstab ist das Kind selbst

Der ganzheitliche Ansatz ist das, was mich so anspricht. Musik, die Bewegung dazu, auch das tänzerische Element, das Experimentieren, Erforschen und Spielen mit Materialien gestaltet diesen Erziehungsbereich überaus lebendig. Es werden von außen, vom Erzieher her, zwar Ziele, aber keine druckauswirkenden Maßstäbe gesetzt. Der Maßstab ist das Kind selbst, und deshalb kann jedes Kind in *seiner individuellen Art und Weise, in seinem persönlichen Können gut sein.* Was richtig oder falsch ist, kann das Kind selbst erspüren und dazu motiviert werden, indem es beispielsweise die Einheit von Musik und Bewegung oder Sprache als Befriedigung und Glück spürt, wenn sie geschehen ist. Die Motivation kommt nicht vom Leistungsziel, sondern aus der Sache heraus, weil sie Spaß macht!

---

[2] Vgl. Bünner/Röthig, 1971, S. 74

Für die Rhythmische Erziehung sollte sich jede Erzieherin interessieren. Wie intensiv sie diese Methode in ihre Arbeit einbezieht, liegt sicher auch ein Stück weit bei ihrer Begabung. Es ist aber keine Frage, daß gerade in unserer Zeit die Kinder diese Lernmethode wieder dringend benötigen. Es gibt einige *Regeln,* die von der Erzieherin beachtet, geübt und gelernt werden können.

Grundbedingungen rhythmischer Erziehung

1) Die Erzieherin hat selbst Spaß und Freude an Musik, Bewegung und Sprache.

2) Die Erzieherin muß weg von üblichen, bereits eingefahrenen Unterrichts- und Beschäftigungsmethoden und Verhaltensmustern. Bastelarbeiten sind nicht der einzige Inhalt der vorschulischen Erziehung! Das *freie* Gestalten mit Materialien ist wichtiger. Kinderaugen sehen und gestalten anders. *Das Ziel ist nicht das wichtigste, sondern der Weg dorthin!*

Wichtig ist nicht das Ergebnis, sondern der Prozeß

3) Die Erzieherin muß lernen, in kleinen methodischen Teilschritten zu arbeiten. Teilschritte heißt: schrittweise Erfahrungen ermöglichen, Zeit dazu lassen!

4) Die Erzieherin erkennt und beachtet, daß Rhythmik von *Gegensätzen* lebt. Spannungs- und Entspannungsphasen wechseln sich ab, ebenso Bewegungs- und Ruhephasen. In den Ruhephasen kann in Ruhe der Körper oder ein Material entdeckt werden. Die Bewegung sorgt für die entsprechende Befriedigung im *ganzen* Körpereinsatz.

5) Nur in einer *freien Atmosphäre* ohne Druck und Zwang kann *Kreativität* entstehen. Kreativität bedeutet nicht nur Phantasie entwickeln, sondern auch Problemlösungsverhalten entwickeln und fördern.

6) Die Erzieherin muß erkennen, mit welchen didaktisch-methodischen Mitteln die von ihr angestrebten Ziele der Förderung erreicht werden können. Nichtvorhandene Lernmittel sollten kein Hinderungsgrund für Rhythmische Erziehung sein. Musikinstrumente können zunächst durch Körperinstrumente und Stimme ersetzt werden. Auch ist es für die Kinder durchaus wirklichkeitsnah, mit Küchengeräten Musik, Geräusche, Töne, Klänge zu erzeugen. Fehlende Materialien können durchaus auch selbst hergestellt

Metrum, Rhythmus und Takt

7) *Metrum* ist der immer gleichbleibende Pulsschlag ohne Zeiteinteilung oder Schwerpunkte.
Rhythmus, das ist die Gliederung des Metrums in kurze und lange Töne (Viertel-, Achtel-, Sechzehntel-Noten, punktierte Noten etc.).
Takt, das ist die zeitliche Einteilung des Metrums von mehreren Notenwerten durch Taktstriche.

8) In der Bewegungsführung mit einem Instrument sollte sich die Erzieherin *üben.*

Übungshilfen zur Bewegungsführung

Instrument kann ein Körperinstrument (Klatschen, Patschen) sein, eine Handtrommel, Hölzchen, Holzblocktrommel, Schellenstab o. a.

Gehen zur Musik

Laufen zur Musik

Die Musikinstrumente können dieselben wie oben aufgeführt sein.

Hüpfen zur Musik

Die Improvisation auf einem Melodieinstrument kann nur in *Phrasen* (Melodiebögen) geschehen. Die Spielerin kann sich an einer Kinderliedform orientieren, z. B. A – B – A Form. Sie spürt die Länge dieser Phrase, verwendet aber natürlich andere Töne. Am Ende des Melodiebogens kehrt sie wieder zum Grundton ihrer Tonart zurück.

Phrasen

Notationsbeispiel:

Die Improvisation auf einem *Stabspiel* (Xylophon, Glockenspiel etc.) gelingt am besten zunächst in der *Pentatonik*-Tonleiter. Pentatonik ist die Ganztonreihe, d. h. in dieser Tonleiter befinden sich keine Halbtöne. Dazu werden aus der aufliegenden Tonleiter der jeweilige 4. und 7. Ton entfernt. Bei der C-Dur Tonleiter sind das jeweils F und H, und zwar *alle F und H!* Dann sieht das Bild so aus:

Pentatonik

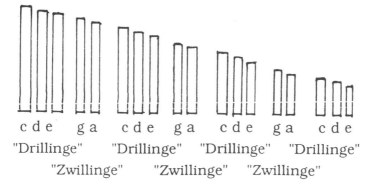

c d e   g a   c d e   g a   c d e   g a   c d e
"Drillinge"   "Drillinge"   "Drillinge"   "Drillinge"
         "Zwillinge"   "Zwillinge"   "Zwillinge"

Auch bei der Pentatoniktonleiter ist es wichtig, in Melodiebögen zu spielen. Allerdings ist es *nicht* notwendig, zu einem Grundton zurückzukehren, da keine Halbtöne da sind, die zu Harmonien, Kadenzen (Klängen) und damit zu einem Grundton zwingen. In dieser Tonart können auch mehrere Personen zusammenspielen, es „paßt" immer!

Praktische Hinweise

Der Einfachheit halber verwende ich den Begriff Erzieher*in,* da vorwiegend immer noch Frauen diesen Beruf ausüben. Alle *Erzieher* sollen sich aber genauso wichtig genommen und angesprochen fühlen!

Es wäre nie in meinem Sinn, die folgenden Spielstundenbeispiele der Rhythmik als Vorgabe zu verwenden und so der Reihe nach durchzuführen, wie sie aufgeschrieben wurden.

Mein Ziel ist, die Erzieherin anzuregen, selbständig methodisch denken zu lernen und *ihre* persönliche Rhythmik zu reflektieren.

Dazu soll das Buch Anregung und Hilfe sein. Und wenn die Erzieherin sinnvoll arbeitet, können aus *einer* Rhythmikspielstunde viele weitere Spielstunden entstehen. Die Erzieherin muß nur gut beobachten und die Impulse der Kinder aufgreifen!

Ich wünsche allen Erzieherinnen viel Freude und intensive Spielstunden!

Rhythmikspielstunde mit dem Seil

Vorüberlegungen

Der didaktische und methodische Aufbau kann am einfachsten an einer „klassischen" Rhythmikstunde verdeutlicht werden. Ich wähle als Material Litzen-Seile, die von den Eigenschaften her schon einen starken Aufforderungscharakter für die Kinder haben und vielerlei Experimentier- und Spielmöglichkeiten bieten.

Methodischer Aufbau

Selbstverständlich können die hier aufgezeigten einzelnen Spielabschnitte untereinander vertauscht werden. Es ist wichtig, daß die Aufgaben nicht aneinandergereiht werden, sondern eine Übung aus der anderen hervorgeht, Impulse von den Kindern aufgenommen und methodisch eingebaut werden. Die Erzieherin muß beobachten, wie intensiv sie die einzelnen Aufgaben gestalten kann, wie lange die Konzentration der Kinder anhält. Durch gezielte Impulse erreicht sie Differenzierung und in der notwendigen Wiederholung, ebenso Konzentration, Spannung und Entspannung. Einzel- und Partneraufgaben wechseln mit Gruppenaufgaben. Bewegungs- und Ruhephasen sollten sinnvoll abwechseln. Zunächst wird dem starken Bewegungsbedürfnis der Kinder entsprochen, sie lernen den Raum kennen und finden sich mit Hilfe von Musik und Bewegung in die Gruppensituation ein.

Graphische Darstellung einer Rhythmikspielstunde

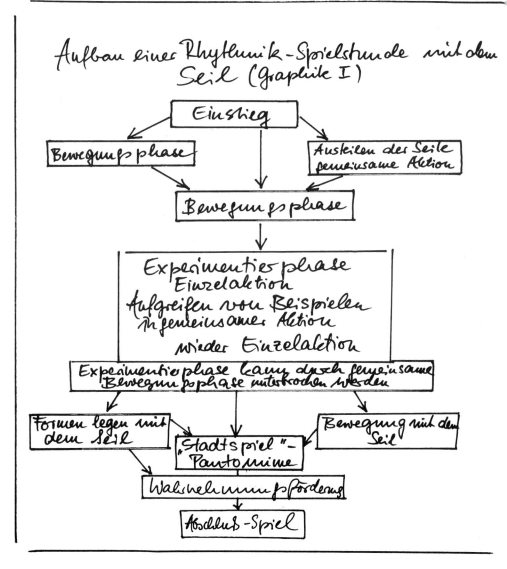

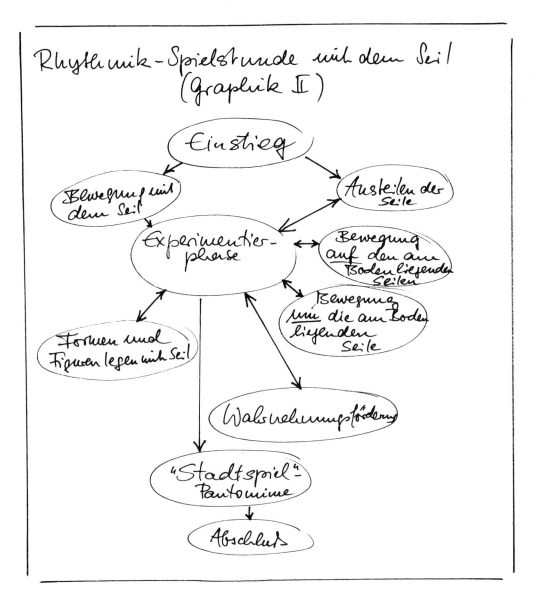

Verlauf einer Spielstunde mit dem Seil

Bewegungsphase zur Orientierung

Die Kinder sitzen an ihrem gewohnten Platz in der Reihe an der Seite oder in der Mitte des Raumes im Kreis.
Bewegungsführung mit dem Instrument:
Die Erzieherin spielt auf der Flöte – es kann auch das Tamburin, ein Schellenstab, Hölzchen o. ä. sein – verschiedene Tempi. Die Füße der Kinder sollen so schnell laufen, wie das Instrument spielt. Ist die Musik zu Ende, so bleiben die Kinder stehen. Die Kinder achten darauf, daß sie nicht aneinander anstoßen und den ganzen Raum ausnützen.

Mögliche Bewegungsarten: z.B. Gehen, Laufen, Hüpfen, Schlurfen, Schleichen, Tippeln in verschiedenen Tempi.
Mögliche Raumrichtungen: vorwärts, rückwärts, seitwärts, drehen.
Mögliche Veränderungen: z.B. können die Kinder bei Musikende verschiedene Positionen einnehmen: im Stehen, Sitzen, in der Hocke. Die Bewegung der Kinder erhält ihre Impulse durch Vorstellungshilfen, wie z.B. große Schritte: „Wir stapfen ganz hoch", oder der Erzieher setzt die Sprache zur Begleitung und Motivation ein: z.B.

gros-se Schrit-te, klei-ne Schrit-te, klei-ne Schrit-te

Möglicher Impuls für die Überleitung zur nächsten Aufgabe: „Ist die Musik das nächste Mal zu Ende, treffen wir uns in der Mitte bei diesem Korb, den ich jetzt hinstelle."

Zur Erinnerung kann die Erzieherin, wenn nötig, bei Musikende folgende Aufforderung singen:

Al-le Kin-der ma-chen ei-nen Kreis!

Austeilen der Seile

Wir setzen uns. Aus dem Korb hängen die Seilenden heraus.
Möglicher Impuls der Erzieherin: „Viel zu einfach und auch langweilig wäre es, die Seile mit den Händen herauszuziehen. Kannst du ein Seil auch ohne die Hände herausziehen? Wer will das ausprobieren?"

Beispiele:
- mit den Zehen krallen (barfuß!),
- mit beiden Ellenbogen,
- mit den Unterarmen,
- mit beiden Fußspitzen,
- mit den Handballen,
- mit dem Mund ... den Zähnen u. a.

Die Kinder finden eigene Lösungen oder greifen die Ideen der anderen Kinder auf, bis jedes Kind ein Seil hat.

Während das Seil aus dem Korb gezogen wird, entsteht ein Geräusch. Wir *hören* gemeinsam hin, wir können dabei auch die Augen schließen, um das Hören zu intensivieren.

Wir begleiten mit der Stimme leise dieses Geräusch, solange das Seil in Bewegung ist, z. B. mit „sssssss" oder „schschsch" oder „mmmmmm".

Auf diese Weise wird ==das Gehörte== gleich beim Kind ==verinnerlicht und in körperlicher Weise wieder dargestellt.== Diesen Prozeß nennt man in der Rhythmik *"Sensomotorik"*.

Hat nun jedes Kind ein Seil herausgezogen, sucht es sich einen Platz im Raum, möglichst so, daß man bei der Bewegung um die Seile herumgehen kann. So hat das Kind auch zugleich eine Raumorientierung, einen Platz, an den es immer wieder zurückkehren kann. Die Seile bleiben dabei am Boden liegen, das Kind findet bei Musikende wieder zu seinem Platz zurück.

Experimentierphase mit dem Seil

Jedes Kind spielt alleine mit seinem Seil.
Möglicher Impuls: „Dein Seil kann sich auf vielfältige Weise im Raum bewegen, aber es darf kein anderes Kind oder dessen Seil berühren"!
Das Seil kann man:
- schlängeln, in kleinen und großen Bewegungen, waagrecht und senkrecht,
- auf verschiedene Weisen ziehen,
- als „Lasso" in der Luft drehen,
- halbieren und auf den Boden schlagen,
- zu Figuren legen,
- schwingen usw.

Die Erzieherin beobachtet das Experimentieren der Kinder, greift einzelne Beispiele auf. Alle können zusammen eine Spielidee ausprobieren, evtl. verändern, differenzieren. Dann wird weiter gespielt, wieder aufgegriffen usw.
Im spielerischen Umgang mit dem Seil erfahren die Kinder die Eigenschaften des Materials. Durch das Besprechen, das Benennen wird die Erfahrung vertieft und bewußtgemacht.

Bewegungsphase mit dem Seil

Wenn die Erzieherin spürt, daß die Konzentration der Kinder nachläßt, kann sie eine Bewegunsphase mit dem Seil einfügen:
- Alle ziehen ihr Seil hinter sich her; auf ein akustisches Zeichen hin bleiben sofort alle stehen, und kein Seil bewegt sich mehr. Kurze und längere Phasen überraschen die Kinder.
- Die Kinder wickeln sich ihr Seil um den Körper (nicht am Hals!) und bewegen sich zur Musik (Tamburin, Xylophon etc.).
- Die Seile sind der Pferdeschwanz, die Erzieherin spielt dazu den Pferd-Galopp-Rhythmus:

Ga-lopp, ga-lopp, ga-lopp, ga-lopp, ga-lopp, ga-lopp.

– Die Erzieherin legt 3 – 5 Seile lang oder gebogen in den Raum verteilt. Die Kinder bewegen sich um oder entlang dieser Seile auf verschiedene Weise.
– Die Kinder legen ihr Seil auf verschiedene Weise auf den Boden, bewegen sich zur Musik um die Seile und kehren bei Musikende wieder an ihren Seil-Platz zurück.
Die Kinder können auch paarweise Pferdchen spielen. Führung wechseln!

Möglicher Übergang:
– Die Erzieherin greift das Figurenlegen auf und läßt jedes Kind ein „Haus" für sich bauen in beliebiger Form.

Formen legen mit dem Seil

Dazu kann sie schon leise auf dem „Zauber"-Instrument spielen, einem Saitenspiel.[3]
- Die Kinder bewegen sich mit dem Seil im Raum. Ist die Musik zu Ende, sucht sich jedes Kind einen Platz im Raum, legt sich die Form eines Hauses und setzt sich hinein.

Entsprechend den Vorstellungen bewegen die Kinder sich um die Häuser, die Erzieherin unterstreicht die Bewegung durch charakteristisches Spiel auf dem Instrument. Bei Musikende sitzt, steht, liegt, ruht jedes Kind wieder in seinem Haus.

---

[3] Information über Instrumentenbauer und Bezug bei der Autorin (Arberweg 35, 85748 Garching)

Impuls:
Als Spielidee denken wir uns eine Stadt, ein Dorf mit Straßen und Wegen, auf denen wir gehen können. Wir stellen uns vor, das ist unsere Stadt. Die Häuser werden mit unseren Seilen gebildet. Ihre Form verändert sich immer wieder, und zwar dann, wenn eine „Zaubermusik" ertönt:
Für die „Zauber-Musik" braucht die Erzieherin zwei Instrumente: Sie führen dieses Spiel:
– für die Bewegung: Tamburin, Flöte, Xylophon o. a.
– für die „Zaubermusik": Saitenspiel, Glockenspiel, die zartklingenden Drähte des Eierschneiders aus der Küche o. a.

An dieser Stelle spielt die Erzieherin eine Melodie auf dem „Zauber"-Instrument.

Die Kinder legen eine neue Form mit ihrem Seil und setzen sich hinein.
In dieser Stadt wohnen verschiedene Menschen; sie gehen, hüpfen, laufen, schlurfen durch die Straßen:

- Hier spielt die Erzieherin auf dem bewegungsführenden Instrument und gibt den ersten Impuls, z.B.:
- hüpfende Kinder,
- Kinder, die schnell nach Hause laufen oder in den Straßen schlendern,
- alte Leute,
- Frauen, die schwere Taschen schleppen,
- Herren mit Aktenkoffern in feinen Anzügen.

Die Erzieherin greift die Ideen der Kinder auf und versucht sie zu motivieren, charakteristische Bewegungsmuster zu finden.
Ruhepunkte: Kehren die Kinder in ihr Haus zurück, ruhen sie sich auf verschiedene Weise aus.

Möglicher Impuls zum Übergang:

Wahrnehmungsförderung mit dem Seil

– Die Erzieherin greift in der Experimentierphase ein Beispiel auf, bei dem die Eigenschaften des Seils deutlich werden: es ist weich, beweglich, man spürt die einzelnen Schnüre, Anfang und Ende haben einen Knoten. Das motiviert die Kinder zum Weiterforschen.
– Die Kinder balancieren und erspüren mit dem Fuß, den Zehen, der Ferse den Weg auf dem Seil, auch mit geschlossenen Augen.
– Die Kinder ruhen in ihrem „Haus" und ertasten dabei mit den Händen und Fingern, mit offenen oder geschlossenen Augen die Form ihres „Hauses".

Für die erforschten Eigenschaften sollten die Kinder die Begriffe weitgehend selbst finden und formulieren.

Mögliche Schlußaufgabe   Um das „Stadtspiel" mit einer Gruppenaufgabe zu beenden, könnten die Kinder „Reihenhäuser" bauen, „Doppelhäuser" usw., um sich gemeinsam zu treffen.

Sie legen gemeinsam eine lange Straße, auf der sie auf verschiedene Weise entlang gehen, laufen, hüpfen, oder ein großes Gemeinschaftsbild mit den Seilen, ein Kind nach dem anderen. Evtl. können die Kinder sich gegenseitig eine „Zaubermusik" auf dem Instrument dazu spielen.

Zum Schluß betrachten wir unser Bild, vielleicht könnten wir es malen, mit den Augen „fotografieren" und mit dem Stift wiedergeben?

„Stadtspiel mit Seilen"

Rhythmik – von der Natur angeregt

Rhythmik im Herbst

Der Herbst bietet für die Rhythmik eine Fülle an Materialien aus der Natur, die uns im wahrsten Sinne des Wortes „zufallen". Wir müssen sie nur auffangen, entdecken, sammeln, sie bestaunen und ertasten in ihren Strukturen, Farben, Formen, Geräuschen und Tönen. Kinder haben eine große Freude daran, die verschiedensten Materialien selbst zu sammeln. Dabei können sie bunte Blätter oder Früchte wie Kastanien, Nüsse, Eicheln usw. selbst auf dem Weg in den Kindergarten finden. Beim Gruppenspaziergang bringt das Einsammeln noch mehr Freude!
Wichtig ist, daß die Erzieherin diese gefundenen Schätze auch als solche anerkennt und sie mit den Kindern im Spiel, sei es im Freispiel, im Werken oder in der Rhythmik, gleich benützt und ihren spezifischen Eigenschaften entsprechend einsetzt.
Einige Beispiele will ich in diesem Kapitel beschreiben. Jedoch sollte die Erzieherin immer bemüht sein, *selbst* mit den Kindern zusammen zu entdecken, welche Spielmöglichkeiten in den Materialien stecken und welche Erfahrungen dadurch die Kinder bereichern können. Auch die *Kombination* von einzelnen Materialien mit „klassischen" Rhythmikgeräten (Reifen, Seile, Tücher, Bänder, Handtrommeln, Luftballons etc.) erweitert die Entdeckungsmöglichkeiten.

Bewegungserziehung mit Blättern

Einstieg in die Spielstunde

Die Kinder bringen ihre selbst gesammelten Blätter mit zur Rhythmikstunde und wählen ihr schönstes Blatt aus, oder die Erzieherin stellt ein Tablett mit vielen verschiedenfarbigen und unterschiedlich geformten Blättern in die Mitte des Kreises. (Dabei können Wurzeln, Zapfen u. a. Materialien, auch Zwerge aus Schafwolle und Filz das Bild beleben, wenn die Kinder nicht zu stark abgelenkt werden.)
Möglicher Impuls: Ohne die Hände zu benützen, sucht jedes Kind *nur mit den Augen* sein Lieblingsblatt heraus; vielleicht auch noch ein zweites Blatt, falls ein anderes Kind die gleiche Wahl getroffen hat. Danach könnte ein Kind nach dem anderen beginnen, sein Blatt zu beschreiben: Farbe, Form, Struktur, Durchsichtigkeit. Die Erzieherin kann durch Impulse helfen, für Farbe, Formen und charakteristische Eigenschaften die spezifischen Worte zu finden.

Bewegung im Raum mit einem Blatt	Die Erzieherin spielt eine Musik zum Gehen mit Flöte, Xylophon, Handtrommel oder Schellenstab, und die Kinder gehen in diesem Tempo frei dazu im Raum, ohne aneinander anzustoßen. Sie tragen ihr Blatt auf der Hand. Diese Aufgabe kann mehrmals wiederholt werden, dabei können die Grundbewegungsarten wechseln (gehen, laufen, hüpfen usw.), ebenso Tonstärke und Dynamik der Bewegung. Daneben suchen die Kinder neue Plätze für ihr Blatt: von der Hand auf den Ellbogen, die Schulter, den Kopf, den Fuß, die Brust, Ober- oder Unterarm u. a. Köperteile. Wenn die Musik zu Ende ist und die Bewegung stoppt, wird gewechselt.
Differenzieren durch Einengen	Veränderungen und Differenzierungen können die Kinder selbst finden. Ein Impuls dazu ist motivierend, wenn die Erzieherin den Körperbereich *einengt*: Trage dein Blatt auf verschiedenen Teilen der Hand, z.B.: Handinnenfläche, -außenfläche, Handrücken, -kante oder Handballen, zwischen den Fingern, auf *einem* Finger usw. Das methodische Prinzip heißt hier: *Differenzieren durch Einengen der Spielmöglichkeiten.*
Bewegung um die am Boden liegenden Blätter	*Bewegung* ist wichtig, sie kann, wenn notwendig, jederzeit in der Rhythmikspielstunde eingeschoben werden. Die Kinder suchen sich einen Platz für ihr Blatt am Fußboden, so daß sie noch um die Blätter gehen, laufen, hüpfen, trippeln können. Die Erzieherin führt die Bewegung durch Musik auf einem Melodie- oder Rhythmusinstrument. Auch die Raumrichtung kann variieren: vorwärts, rückwärts, seitwärts. Bei Musikende sollte jedes Kind sein Blatt wiederfinden können. Manchmal geschieht es, daß am Boden liegende Blätter durch den Luftzug der sich bewegenden Kinder fortgeweht werden, ohne daß ein Kind sie berührt. Das ist eine wesentliche Erfahrung für das Kind: das Blatt ist so *leicht*, daß nur wenig Luft genügt, es zu bewegen. Es ist wichtig, daß die Erzieherin die Kinder für solche Beobachtungen selbst die treffenden Begriffe finden läßt. Zum einen wird dadurch die Sprache geübt, der Wortschatz gefördert. Zum anderen wird der kognitive Bereich, das Denken, durch ein wichtiges methodisches Prinzip in der Rhythmik weiterentwickelt:
Erleben – Erfahren – Erkennen – Benennen!	Erleben – Erfahren – Erkennen und dann auch *Benennen!* Durch das Benennen hat das über die *Sinne* Erfahrene die Möglichkeit des Bewußtwerdens, des *Be-greifens* durch Worte.

Farblich sehr schön zu beobachten ist, die Blätter auf ein großes seidenes Schwungtuch zu blasen und dies dann sehr vorsichtig zu Musik (CD oder Kassette) zu bewegen, ohne daß die Blätter herunterfallen.

Wir haben in der Gruppenarbeit verschiedene Blattformen betrachtet, mit Finger und Stift umfahren, beschrieben und benannt (gelappt, gezackt, gefächert usw.) und auch schon frei gemalt. Die Kinder kennen also schon verschiedene Blattformen.

Zurück zur Rhythmik-Spielstunde:
Die Kinder bewegen sich zur Musik im Raum. Bei Musikende stellen sie mit ihrem Körper verschiedene Blattformen dar, runde und lange, spitze und gelappte. Sie versuchen dabei, den ganzen Körper zu beteiligen, mit Armen, Händen, Fingern, Beinen, Füßen, Schultern, Rücken usw.
Die Musikpausen müssen lange genug dauern, damit die Kinder sich auf die Darstellung konzentrieren und ausprobieren können. Diese Experimentierphasen können in der mehrmaligen Wiederholung durch Impulse der Erzieherin differenziert werden.

Musik führt die Bewegung

Mit Jazzbesen und Handtrommel oder Pauke spielt die Erzieherin eine „Wind-Musik". Die Kinder sitzen am Boden, und ihre Hände „verzaubern" sich in Blätter. Sie tanzen zur Musik auf und nieder, je nach Lautstärke und Tempo. Sie kommen mit der Musik wieder zur Ruhe. Der „Wind" kehrt in Abständen wieder, so wechseln Ruhe und Bewegung, leise und starke Bewegung (Dynamik), langsames und schnelles Tempo. Die Kinder reagieren über die Sinne (Gehör) mit der Bewegung (Motorik). Hier wird beispielhaft die *Sensomotorik* in der Rhythmik sichtbar.
Die Bewegung wird nun auf den ganzen Körper erweitert, es kann nach und nach auch der Raum in Höhe und Weite einbezogen werden.
Möglicherweise treibt die „Wind"-Musik die Kinder auch zur Fortbewegung in den Raum hinein. Als Vorstellungshilfe erzählt die Erzieherin bildhaft von den tanzenden Blättern auf der Straße. Nach mehrmaligen Wiederholungen kann die Musik auch von einem Kind übernommen und gestaltet werden.

„Tanzende Blätter"

Die bunten trockenen Blätter können auch am Boden durch Blasen fortbewegt werden.

Experimentierphase

Fortbewegen der Blätter *ohne* die Hände

Dies kann im freien Raum geschehen, allein oder im Partnerspiel zueinander. Eine notwendige Begrenzung könnte ein Seil oder ein Reifen sein. Dabei erfahren die Kinder:
Kräftiges Blasen wirbelt das Blatt stärker und schneller umher als schwaches Blasen. Das Kind kann also mit seinem Atemstrom Tempo und Dynamik bewußt und *gezielt* steuern. Ein aufmerksames Kind wird auch *physikalische* Beobachtungen betreiben können: Bläst es von *oben* auf das Blatt, wird dies nur auf den Boden gedrückt. Bläst das Kind aber von der *Seite* gegen das Blatt, wird es in diese Richtung weiterbewegt.

Neuer methodischer Impuls der Erzieherin:
„Kann das Blatt auch von *unten* hochgeblasen werden?" In der *Experimentierphase* probiert das Kind aus, wie es seine Atemluft *unter* das Blatt bringen kann.

Fallen – in Teil- und Totalbewegungen

Die Erzieherin greift verschiedene Beobachtungen auf, die Kinder versuchen, die Ideen der Anderen zu wiederholen, weiterzuentwickeln.
Das Blatt wird mit der Hand ein Stück hochgehoben und kann dann herunterfallen. Wir beobachten nun das *Fallen* unserer Blätter.
Mögliche Impulse der Erzieherin:
– die Hände der Kinder zeigen die gleiche Bewegung wie das Blatt beim Fallen (Teilbewegung),
– die Stimme begleitet Hände und Blatt beim Fallen solange, bis es ruhig am Boden liegt, dann sind auch Hand und Stimme ruhig (Sprache und Bewegung),
– das Kind bewegt seinen ganzen Körper wie das fallende Blatt zu Boden, am Ende liegen beide still (Totalbewegung),
– das Kind kann sich selbst in der Bewegung mit der Stimme begleiten (sensomotorischer Prozeß).

Wesentlich ist hier, daß das Kind Bewegungsanfang und -ende, den Charakter der Fallbewegung (Schaukeln, Sinken, Schweben) im ganzen Köper nachvollziehen kann und durch die Wiederholung sicher wird. Es kann Einheit und Wechselwirkung von Musik (Stimme) und Bewegung (ganzer Körper) spüren und positiv empfinden. Der ganze Mensch ist am Geschehen beteiligt!
Rhythmik ist ganzheitliche Erziehung.

Die Erzieherin spielt auf einem Melodie- oder Rhythmusinstrument eine Musikphase. Die Tempi können wechseln.
Es bewegen sich nur *die* Kinder zur Musik, die von der äußeren *Form* her ein vorwiegend
- gezacktes
- oder gelapptes
- oder ein langes
- oder ein rundes Blatt tragen.

Die nicht angesprochenen Kinder bleiben stehen. Bei Musikende wird gewechselt.

Formen und Farben erfassen

Die gleiche Methode ist bei *verschiedenfarbigen* Blättern möglich: vorwiegend
- rot
- oder gelb
- oder braun
- oder noch grün gefärbtes Blatt.

Veränderungsmöglichkeit:
Die Kinder bewegen sich alle mit ihren Blättern zur Musik.
Bei Musikende treffen sich alle roten Blätter z. B. in der hinteren Ecke, alle gelben Blätter in der Mitte usw.
Die Treffpunkte müssen vor Beginn der Bewegung besprochen werden.

Die Kinder betrachten und beschreiben noch einmal am Boden sitzend ganz genau ihre *Blattform*. Litzenseile werden ausgeteilt: die Erzieherin legt ein „Haus" um die Kinder, während sie am Boden sitzen, betrachten und besprechen. Die Kinder versuchen nun, die Form ihres Blattes auf dem Boden nachzulegen. Es soll um die *kleine* Blattform herum eine *große* Form aus dem Seil entstehen. Die Kinder werden motiviert, zu beobachten, zu vergleichen, evtl. noch zu verbessern.

Formen erkennen und mit Seilen wiedergeben

Zur Bestätigung können die Kinder noch einmal mit dem Finger die kleine und die große Form nachfahren. Sie können
- mit geschlossenen Augen die Form nachfahren,
- in der Luft über dem Seil,
- die Form in der Luft aus der Erinnerung zeichnen,
- mit der Stimme das Nachzeichnen begleiten,

um Anfang und Ende zu verdeutlichen.

An welcher Stelle sind meine Finger dazu am empfindsamsten? Kann ich die Spitze meines Blattes auch mit geschlossenen Augen finden? Dabei erfühlen wir mit den Fingern auch den Verlauf der Blattadern, wo sind sie dicker, dünner? Können sie auch mit geschlossenen Augen gefunden werden?

Zuordnen der Formen

Eine andere Möglichkeit des *Zuordnens* der Formen erfahren die Kinder, wenn die Erzieherin mit Seilen verschiedene *Blatt-Grundformen* wie Dreieck, Oval, Kreis legt. Die Kinder sollen nun ihre Blattform der jeweiligen Seil-Form zuordnen.

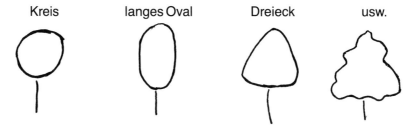

Kreis   langes Oval   Dreieck   usw.

Möglicher Ablauf:
Die Erzieherin spielt eine Musik, die Kinder bewegen sich um die Grundformen der Seile mit ihren Blättern in/auf der Hand herum. Ist die Musik zu Ende, suchen sie sich ihre passende Form und stellen sich in das entsprechende Seil hinein. Gibt es verschiedene Lösungen, kann das besprochen werden.
Dadurch werden Beobachtungsfähigkeit, Zuordnen, Kreativität in Form von Problemlösungsverhalten *im Spiel* gefördert.

Spiele mit Herbstfrüchten

Kastanien, Eicheln, Nüsse, Eschenfrüchte u. a. werden von den Kindern gesammelt, in der Gruppe betrachtet, sortiert und anschließend in möglichst gleiche Dosen gefüllt. Man kann später auch noch Erbsen und Linsen dazu verwenden, um eine größere Vielseitigkeit zu erreichen.
Die Dosen können nacheinander geschüttelt und ihre unterschiedliche Klangfarbe beobachtet und erkannt werden. Dies Spiel sollte oft genug wiederholt werden, damit die Kinder sicher in der Zuordnung sind. Jetzt kann sich jedes Kind eine dieser eingefüllten Früchte aussuchen und zur Musik (Tamburin, Flöte) in der Hand durch den Raum tragen, am Ende setzen sich die Kinder wieder auf den Boden.

Die Erzieherin spielt nun abwechselnd mit den einzelnen Dosen, so gehen entweder die Kinder mit den Kastanien einige Zeit oder die mit den Linsen oder die mit den Eicheln. Die Kinder sollten über den Klang in der Dose aufgefordert werden, ihre dazugehörenden Früchte durch den Raum zu tragen. Wichtig ist, der Reihe nach *in kleinen methodischen Schritten* vorzugehen. Es genügt erst einmal, zwei ganz gegensätzliche Klangfarben/Früchte auszuwählen. Sind die Kinder sicherer im Hören, so können nach und nach andere Klänge/Früchte dazugenommen werden.
Die Bewegungsart, Gehen, Hüpfen, Laufen, Schleichen usw. kann natürlich ebenfalls gewechselt werden. Auch ist eine Variation in der Lautstärke wichtig.
Die Kinder können selbst das Spielen mit den Dosen übernehmen und die Bewegung führen.

Zunächst werden die gesammelten Früchte noch einmal betrachtet, erfühlt und ertastet – auch mit geschlossenen Augen, weil da die Sinne viel intensiver aufnehmen – berochen und evtl. geschmeckt.
Die Erfahrungen und Beobachtungen werden verbalisiert, natürlich möglichst viel von den Kindern selbst!

„Was nicht über die Sinne kommt, kann nicht in den Verstand gelangen." *Erfahrungen über die Sinne*

(Nil est in intellectu, quod non antea fuerit in sensu.)

Dieses Wort aus der scholastischen Philosophie trifft den Kern der Sinnesübungsspiele.

Die Kinder erhalten runde Behälter aus Holz, Emaille, Plastik oder Glas. Eine große Schüssel mit Kastanien steht in der Mitte. Zunächst sollen die Kinder sich erst mal *eine* Kastanie in ihren Behälter füllen. Zunächst ist wichtig, daß die Kinder im Experimentieren herausfinden, wie unterschiedlich *diese* Kastanie in *dieser* Schüssel *klingt,* wenn sie im Kreis saust, hopst, bollert, hin und her rutscht. Jede Schüssel klingt anders! Wie klingt das nun, wenn *zwei* oder *mehrere* Früchte in den Behältern bewegt werden? *Experimentierphase*
Später kann man noch verschieden große Papphröhren oder Metallröhren, Plastikröhren zum Experimentieren dazugeben, um die Klangeigenschaften der Früchte in großen langen Behältern zu erforschen. Darin können Kastanien auf verschiedene Arten kullern, rollen, rutschen, bollern.

Sprechvers mit Herbstfrüchten

Wir versuchen, Worte zu den Geräuschen der Früchte zu finden, z. B. klick – klick – klick, oder tipp – tipp – tipp, oder hopp – hopp – hopp, oder plopp – plopp – plopp o. ä.

Impuls der Erzieherin:
„Hopp – hopp – hopp und plopp – plopp – plopp und sssssssssssss!

Diesen Abschnitt des Verses wiederholen wir mehrmals
– zusammen,
– in verschiedenen Lautstärken,
– der Reihe nach; das „ssssssss" immer gemeinsam.

Impuls der Erzieherin ist nun der ganze Sprechvers:
„Kastanien machen hopp – hopp – hopp
und plopp – plopp – plopp
und hopp – hopp – hopp
und plopp – plopp – plopp
und -- sssssssssssss!

Im letzten Teil sausen die Kastanien in der Schüssel im Kreis herum, bis gemeinsam ein Ende gefunden ist.

(Hinweis: Vergleiche das Kapitel „Sprecherziehung" in diesem Buch.
Im Herbst eignet sich ganz besonders gut die Einführung des Sprechverses mit den Fingerzwergen „Klicker – Klacker, Klicker – Klacker, knacke Nüsse, knacke wacker!")

„KASTANIEN"-LIED

Die Erzieherin bringt zur Einführung des Liedes Materialien zum Sachinhalt mit:
– eine unreife stachelige Kastanienschale,
– eine aufgeplatzte stachelige Schale, deren Inhalt man sehen kann,
– eine leere Schale und
– eine schön glänzende braune Kastanie.

Methodischer Hinweis:
Während des Gesprächs und beim Betrachten der Früchte läßt die Erzieherin immer wieder Begriffe aus dem Liedinhalt einfließen: Stacheltier – Stachelhaus – plapp, plapp, plapp – und rollen.

Singt die Erzieherin das Lied erst einmal an, lernen die Kinder schnell in der Wiederholung den Text. Zunächst bleibt die Erzieherin erst bei einer Strophe, die nächsten folgen erst später, wenn die Kinder sicherer sind im Mitsingen.

Kastanien-Lied (mündlich überliefert)

1. Kastanie, kleines Stacheltier,
komm doch vom Baum und spiel mit mir.
Komm schnell aus deinem Stachelhaus!
Wach auf, wach auf und komm heraus!

2. Wach auf, wach auf und fall herab!
Mach auf der Straße plapp, plapp, plapp
und rolle, rolle, rolle, roll!
Dann hab ich gleich die Taschen voll.

3. Ich habe mich schon lang gefreut
so sehr auf die Kastanienzeit.
Nun seid ihr endlich groß und braun,
ich möcht euch immerzu beschaun!

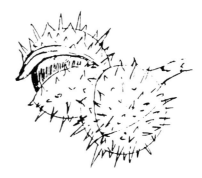

Wind – Luft – Bänder

Luft erleben

Luft haben die Kinder ganz deutlich in der Experimentierphase mit den Blättern erlebt:
- Luft bewegt die Blätter vorwärts und aufwärts, wenn ich blase,
- Luft entsteht durch die Bewegung vieler Kinder im Raum und bewegt ohne mein Zutun die Blätter am Boden oder auch die Haare auf meinem Kopf.

An diese Erlebnisse knüpft die Erzieherin an. Sie wählt Taftbänder, weil sie mit diesem Material bekannte Erfahrungen wiederholen und weiter differenzieren kann. Taftbänder haben einen starken *Aufforderungscharakter* zum Experimentieren und Spielen!

Austeilen der Bänder

Die Erzieherin wählt aus den folgenden Beispielen ein für *ihr* Stundenbild typisches Spiel, das die Kinder bereits zu dem motiviert, was die Erzieherin plant:
- Die Bänder hängen aus einem Korb, die Kinder ziehen sie in abgesprochener Weise auf verschiedene Arten aus dem Korb.
- Die Bänder werden von einer „Riesenbänderschnecke" abgewickelt
- Die Bänder hängen auf einem Garderobeständer, die Kinder suchen sich *ihre* Lieblingsfarbe heraus (das erfordert eine größere Auswahl an Bändern!).
- Die Bänder liegen lose in einer Schatzkiste.
- Die Bänder liegen zu Beginn der Spielstunde bereits als „Sternform" am Boden.

Experimentierphase zur Musik

Diese Phase muß sich unmittelbar an das Austeilen anschließen, da die Kinder begierig sind zu spielen.

Musikvorschläge für CD oder Kassette: Zamphir Panflöte, Deuter oder Vangelis. Die Musik soll eine leichte, schwebende Atmosphäre vermitteln, gleichzeitig sollte sie ein Grundmetrum haben, damit die Kinder zur Fortbewegung motiviert werden können.

Möglicher *Impuls* zum Einstieg: Laßt die Bänder zur Musik tanzen, fliegen, schweben.
Die Erzieherin beobachtet, kann aber auch selbst mitspielen.
Sie läßt genügend Zeit zum Ausprobieren.
Mögliche Impulse zur Differenzierung:
- den ganzen Raum mit dem Band erfassen: vor, hinter, über, unter dem Kind,

- Linien, Kreise, Achtformen in die Luft „zeichnen",
- aus der Ruhe in die Bewegung kommen und wieder zurück,
- dein Band trifft ein gleichfarbiges Band oder einen Freund – mit dem tanzt es ein Stück zusammen,
- das Band kann Geräusche erzeugen.

Bei mehrmaligem Wiederholen dieser Phase sollte die Erzieherin immer die gleiche Musik verwenden, damit die Kinder im Hören und darauf Reagieren immer sicherer werden.
In der Experimentierphase können natürlich einzelne Ideen der Kinder aufgegriffen und auch gemeinsam durchgeführt werden.

Sichtbar wird die tragende Luft für das Kind in der Beobachtung, wenn es sein Band erst ruhig hängen läßt und dann anbläst. Das gleiche geschieht auch, wenn das Band am Boden liegt.
Die Luft wird gleichzeitig auch noch hörbar im Blasgeräusch, das vom Kind selbst erzeugt wird. Das ist eine elementare Grunderfahrung für das Vorschulkind. Sie geht nicht vom Kopf aus, sondern von der Beobachtung der eigenen Sinne Sehen und Hören!

Austausch der Beobachtungen:
Luft wird *sichtbar* und *hörbar*

Vorschlag für Musikinstrumente:
Flöte (Atemstrom), Klangschale, Becken, Klangröhren.
Alle Bänder liegen absolut ruhig (das ist schwer!). Danach beginnt die Erzieherin mit der Musik.
Die Melodie oder der Anschlag des Klanges sollen aus der Ruhe in die starke Bewegung und wieder zur Ruhe zurückführen. Pause. Ablauf mehrmals wiederholen, das gibt dem Kind Sicherheit. Später kann auch ein Kind die Musikführung übernehmen.

Musik führt die Bewegung

Umkehrung: nur ein Band bewegt sich. Alle Kinder summen, brummen, zischen, singen, sobald das *eine* Band sich bewegt. Hier dürfen die Phasen nicht zu lange sein. Verändert sich die Bewegung, dann auch die Lautstärke. Jetzt können alle Kinder auch auf einem Instrument die Bewegung begleiten. Phasen mehrmals wiederholen.
Diese Grunderfahrungen sind wichtige Voraussetzungen für gemeinsames *Musizieren* im Partnerspiel, der Kleingruppe und im Orchester.

Musik und Bewegung werden durch das Zusammenwirken intensiver erlebt.

Bewegung führt die Musik

Gruppen-
aufgaben
mit Bändern

– Kreis. Die Bänder liegen ruhig am Boden und werden an einem Ende gehalten. Musik führt Bewegung. Vorstellungshilfe: Wind wirbelt in einem Haufen Blätter, mal mehr, mal weniger. Ablauf auch ohne Musik möglich.
– Bänder im Kreis oder in zwei sich einander gegenüberstehenden Reihen schwingen (Schwingrichtung beachten): vor – und zurück, rechts – links, im Kreis, über Kopf. Daraus könnte ein Bändertanz entstehen.

Leicht – schwer

Die Rhythmik lebt von Gegensätzen. Sie müssen im Vorschulalter überdeutlich sein, um dem Kind ein „Aha – Erlebnis" zu ermöglichen. Solche Gegensätze können im Thema „Herbst" gut mit den verschiedenen Naturmaterialien erfahren werden. Spüren, Sehen, Sortieren, Vergleichen, Messen sind wesentliche Erkundungsinhalte:
Blätter, Laub, Samen – leichtes Material
Nüsse, Früchte – schweres Material

Es ist sinnvoll, zur Erweiterung noch andere Rhythmikmaterialien zu benützen:
Papierball – Gymnastikball
Tischtennisball – Tennisball
Luftballon – Knuddelkopp (s.u.)
Feder – Sandsäckchen, Bohnensäckchen

Erweiterung: Luftballons und Knuddelkopps[4]

Die Erzieherin bringt zunächst nur einen Luftballon, um mit ihm zu spielen. Dieser kann besonders bunt oder groß oder in lustiger Form sein. **Luftballons**
- Die Kinder stehen. Den Luftballon im Kreis zuwerfen, weitergeben, mit verschiedenen Körperteilen balancieren.
- Im Sitzkreis auf verschiedene Weise weitergeben:
  mit Händen, Füßen, Kopf durch Blasen usw.
  Möglicher Impuls: mit der Stimme den Spielrhythmus anregen: „und hopp und hopp und hopp ..."
- Die Kinder bewegen sich zur Handtrommel oder Flöte im Raum, ein Kind trägt den Luftballon bei sich. Bei Musik-STOP gibt es den Luftballon an ein anderes Kind ab.

- Sitzkreis: Die Erzieherin teilt *pantomimisch* farbige Luftballons aus. Dann werden die Luftballons gemeinsam aufgeblasen, die Hände beschreiben den immer größer werdenden Ballon. Es können dabei auch Riesenballons entstehen. Wenn die Luft aus dem Luftballon entweichen soll, können die Kinder das schnarrende Geräusch mit dem Mund nachmachen. *Der unsichtbare Luftballon*
  Der unsichtbare Luftballon kann auch zur Musik durch den Raum getragen werden.

Ein großer Bettbezug enthält genügend aufgeblasene Luftballons. Die Kinder wählen sich ohne hineinzuschauen einen Ballon aus. Oder sie suchen sich eine Lieblingsfarbe aus. **Austeilen der Luftballons**

---

[4] Knuddelkopps, auch „Streßsäckchen" genannt. Bezugsinformationen bei der Autorin oder über die Fa. Spielzeuggarten H. Staneker, Karl-Brennenstuhl-Str. 14, 72074 Tübingen

Experimentier-phase   Auch hier muß, wie bei den Bändern, gleich das Spiel anschließen, da auch die Luftballons einen starken Aufforderungscharakter haben.
Musikvorschlag: CD oder Kassette wie bei der Experimentierphase mit den Bändern. Der Ballon fliegt, Anstoßen kann ihn das Kind mit verschiedenen Körperteilen:
- einzelne Handteile und Finger
- Ellbogen und Unterarm
- Kopf, Schulter, Nase, Stirn
- Knie und Fuß, Oberschenkel, Ferse

Impuls: Der Luftballon darf nie den Boden berühren. Der Luftballon ist *leicht*.

Ein Lufballon wird zur Seite gelegt, die Kinder suchen sich einen Partner und spielen zu zweit im Stehen oder Sitzen mit dem Ballon.

Der Luftballon im Partnerspiel

Die Kinder sitzen im Kreis. Die Erzieherin bespricht ein *visuelles* STOP-Signal, z. B. Hand hoch ist Stille!
Jetzt können die Kinder Geräusche auf dem Luftballon erzeugen. Die Ideen werden in den STOP-Phasen gesammelt und besprochen, dann wird gemeinsam wiederholt.

Der Luftballon als Knietrommel

SPIELGESCHICHTE MIT GERÄUSCHEN AUF DEM LUFTBALLON

(mündlich überliefert)

Ein Luftballon, schön bunt und rund,
erzählt uns was zu dieser Stund:
Ich spüre kleine Regentropfen
leis auf meine Haut drauf klopfen.
Es zischt ein Blitz, oh je – ein Wisch –,
da dröhnt schon Donner hinterher,
der Regen prasselt jetzt so sehr –
– *Regen frei prasseln lassen, stärker, schwächer* –
Und noch ein Blitz und wieder Donner,
Regen prasselt voller Wonne!
Noch ein Blitz und nochmals Donner.
Regen läuft in langen Bächen
über meine Haut zum Knopf.
Jetzt wird's langsam – plopp, plopp, plopp –
ruhig auf dem Gummikopf!
Leise, still, ein letzter Ton –
ganz leis ruht der Luftballon.

Rundspiele mit der Luftballon-Trommel

– „Telefonierspiel": Die Kinder spielen im Kreis der Reihe nach ausprobierte Geräusche. Der Ballon wird dazu zwischen die Knie geklemmt.
– Die Kinder sagen und spielen ihre Namen, z.B. „Heike aus der Einsteinstraße"

– Es kann auch gemeinsam ein den Kindern gut bekannter Sprechvers gesprochen und gespielt werden.

Verschiedene Spielweisen werden aufgegriffen und durchgeführt.

SPIELE MIT KNUDDELKOPPS („Streßsäckchen")

Knuddelkopps sind Luftballons, die mit sehr feinem, rundgeschliffenen Quarzsand gefüllt sind. Lustige Gesichter sind aufgemalt.
Die Kinder sitzen im Kreis und legen ihren Luftballon auf eine Handinnenfläche. Sie können auch die Augen schließen.
Impuls: „Ihr bekommt noch einen zweiten Luftballon". Die Knuddelkopps werden auf die andere Hand der Kinder gelegt. Eine Seite ist deulich schwerer/leichter als die andere.
Um noch einmal deutlich den Unterschied zwischen leicht und schwer spüren zu lassen, können die Luftballons in die eine Hand gelegt werden (mit dem

Von leichten Luftballons zu schweren Knuddelkopps

Knopf zwischen die Finger stecken) und die Knuddelkopps in die andere Hand. Zum Vergleich noch einmal wechseln!

Bewegung im Raum Die Kinder tragen ihre Knuddelkopps zur Musik auf verschiedene Weise durch den Raum. Stoppt die Musik, wird die Position des Knuddelkopps gewechselt:

- auf dem Kopf, der Schulter, in der Armbeuge,
- auf verschiedenen Stellen der Hand,
- auf dem Fuß, zwischen den Knien.

Bewegung um die Knuddelkopps Jedes Kind sucht sich für seinen Knuddelkopp einen Platz im Raum, so daß es noch bequem zur Musik um die lustigen Figuren herumgehen kann. Beim Umhergehen können die Kinder auch die anderen Knuddelkopps mit ihren Gesichtern anschauen.
Wird die Musik unterbrochen, so kehrt jedes Kind zu seinem Knuddelkopp zurück und kann ihm eine neue Form geben. Die Finger können kneten, ziehen, drehen, vorsichtig auch drücken und kneifen.
Das Kind braucht dafür genügend Zeit!
Anschließend werden Musik- und Ruhephase zum Formen mehrmals wiederholt.

Wahrnehmungsphase Alle Kinder treffen sich im Kreis mit ihren Knuddelkopps.
Die Kinder beschreiben ihre Beobachtungen:
- der Knuddelkopp ist schwer, er kullert schnell vom Kopf,
- er ist verformbar, zum Auseinanderziehen und Drehen,
- er bleibt in Form,
- man kann ihn klopfen, kneten wie einen Teig,
- draufklatschen und patschen, dabei ist er laut,
- man hört das Sandgeräusch,
- wenn er auf dem Bauch des Kindes liegt, kann es seinen Druck spüren. Mit der Atmung bewegt er sich auf und nieder,
- mit dem Knuddelkopp kann das Kind Dinge tun, die mit einem Luftballon nicht möglich sind.

Möglicher Abschluß Alle Knuddelkopps treffen sich zu einer großen „Familie" auf einem Tuch oder Tablett.
Die Knuddelkopps können auch in einer Reihe sitzen, die Kinder hüpfen, gehen, laufen an der Reihe entlang oder durch sie hindurch.

MUNKEPUNK
Eine Zwergen-Klang-Geschichte im Herbst

Die methodische Durchführung und Ausgestaltung dieser Zwergengeschichte entspricht der Klang-Geschichte im Kapitel „TAO" dieses Buches und kann mit eigenen Klangideen weiter ausgestaltet werden.

Es war noch einmal ein warmer Oktobertag mit strahlend blauem Himmel, kleinen weißen Wölkchen, die aber die Sonne nicht störten, die noch einmal kräftig schien.
Munkepunk hatte leider den ganzen Tag schwer arbeiten müssen – Steine gehauen im Edelsteinberg. Sehr müde schleppt er sich mit seinem schweren Rucksack nach Hause. Als er auf einem kleinen Hügel nahe seinem Haus ankommt, ruht er sich zuerst ein wenig aus. Er will noch die letzten Sonnenstrahlen genießen, bevor dieser rote Ball am Himmel hinter den Bergen verschwindet. Es ist still und doch nicht still.
Munkepunk hört den Wind über die trockenen Gräser streichen, stärker, schwächer, sie wiegen sich im Wind.
Eine Meise hüpft durchs nahe Laub am Waldrand, es raschelt. Jetzt raschelt es noch mehr! Ein Mäuschen sucht sich seine letzten Wintervorräte zusammen, huscht hierhin und dahin und schon wieder in eine andere Richtung.
Eine Biene summt heran, sie sucht in den letzten Kleeblüten Nahrung.
Eine Raupe krabbelt ruhig an einem Stengel hoch.
Da! Ein Hase hoppelt aus dem nahen Wald heraus, schnuppert in alle Richtungen. Sein Hunger treibt ihn unvorsichtig in Munkepunks Richtung zum Klee. Er macht Männchen, und da muß Munkepunk herzlich lachen! O Schreck! – Husch, ist das Häschen weg!
Munkepunk reckt sich und streckt sich, er muß weiter. Kurz vor seinem Haus erreicht er einen Bach, den er Tag und Nacht hört, wenn er zu Hause ist. Auch jetzt hört er ihn schon von ferne gluckern, näher und näher, bis er die kleine Brücke über den Bach erreicht. Wie ein Xylophonspiel klingen seine Stiefelschritte auf den Holzbohlen, und darunter gluckert Wasser und spritzt über die Steine.
Erschreckt springt ein Frosch vom Ufer ins Wasser zurück. Munkepunk ist am Haus. Vom Wald her hört er noch einen Specht, der in einem der Laubbäume klopft. Die Sonne geht unter. „Ein schöner Herbstabend", denkt Munkepunk und geht ins Haus.

„Schnick und Schnack"

Sprecherziehung mit zwei lustigen Fingerzwergen

Motivation und Methode   Über den Reiz der Spielfiguren werden die Kinder zum Sprechen und Bewegen motiviert. In der Nachahmung führen sie wie selbstverständlich die Bewegungen mit. Auch die Sprache wird nicht über den kognitiven Bereich, sondern über den emotionellen Anstoß aufgenommen und wiederholt.

Sprache und Bewegung bilden eine Einheit, sie müssen allerdings auch synchron verlaufen, d. h.:

Sprachrhythmus und *Bewegungsrhythmus* müssen identisch sein.

Diese Fingerzwerge sind schnell selbst gestrickt (Anleitung am Schluß!) und ein wunderbares pädagogisches und methodisches Hilfsmittel. Sie tauchen immer aus der Jacken- oder Hosentasche der Erzieherin auf, wenn sie als ihr Sprachrohr gebraucht werden. Z.B. können sie ein neues Lied, einen Vers oder ein Bilderbuch mitbringen. Sie informieren die Kinder über wichtige Ereignisse im Kindergarten oder sprechen ganz offen Kritik über das Verhalten in der Gruppe bei Konfliktlösungen aus. Das ist über die Zwerge leichter und nicht moralisch! – Die Kinder lieben diese Strick-Zwerge!

Die Zwerge werden, ohne daß die Kinder sie sehen können, auf die Zeigefinger gesteckt und in den Handinnenflächen vor den Kindern versteckt. Beide Hände zusammen haben jetzt die Form einer Kugel. Über das folgende Gedicht werden „Schnick und Schnack" eingeführt.

Einführung durch ein Gedicht

„DIE WUNDERNUSS" (mündlich überliefert)

„Ich habe eine Wundernuß.
Weißt du, wie man sie öffnen muß?

Die Erzieherin schaut beim Sprechen abwechselnd auf ihre Hände und zu den Kindern.

Dazu gehört nicht eben viel, man sagt nur:

♩ ♩ | ♩ ♩ | ♩ ♩ ♩ :||
Li - rum, la - rum, Löf- fel-stiel!

oder:

♩ ♩ | ♩ ♩ | ♪ ♪ ♩ :||
Li - rum, la - rum, Löf- fel-stiel!

Schau, wie sich's rührt,
wie sich's regt
und wie sich's wundersam bewegt!
Auf einmal kommt hervor ein Mann –
und noch ein Mann.
Das ist der Schnick,
und das ist der Schnack!

Hände beschreiben einen Kreis in der Luft.
Mehrmals wiederholen und durch lautes Sprechen, Flüstern, Temposteigerung gestalten.

Erzieherin bewegt beide Hände und Finger.

Schnick erscheint –
Schnack erscheint.

Sie tanzen, sie tanzen,
sie tanzen hin und her.
Die Schritte sind so zierlich,
sie tanzen so manierlich – *Pause* –
der Schnick und der Schnack.
Aber dann – *Pause* –,
dann schlüpfen sie in einen Sack!
Jedoch der Sack hat ein Loch,
und da erzählen sie sich doch ...
Lieber Schnick und lieber Schnack,
was erzählt ihr euch in euerm Sack?"

Beide Zwerge tanzen
auf den Fingern
hin und her.

Beide Zwerge verschwinden unter dem Pullover oder Hemd der Erzieherin. Sie bewegen sich dort unten sichtbar!

Die Kinder oder die Erzieherin können an dieser Stelle die Gesprächsinhalte der Zwerge erfinden.
Schnick und Schnack erzählen sich möglicherweise: von den Kindern, die bald in die Schule kommen, oder vom bevorstehenden Ausflug, oder auch davon, daß die Kinder heute im Freispiel so laut waren, daß die Ohren der Zwerge schmerzten...

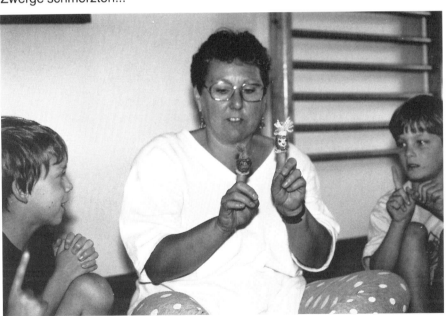

Gedichte und Sprechverse

Schnick und Schnack können aber auch eine Geschichte, ein Lied oder einen Vers einführen, oder „dichten":

„KLICKER – KLACKER" (mündlich überliefert)

Die Erzieherin hält außer Schnick und Schnack auch noch zwei leere Walnußhälften in der Hand und spricht:

Schnack sagt: Ich weiß ein Wort: „klacker".
Schnick sagt: Ich weiß auch ein Wort: „klicker".
Schnack sagt: Ich weiß noch eines: „wacker".
Schnick sagt: Ich weiß auch noch eines: „dicker".
Schnack sagt: Jetzt reime ich:

„Klicker, klacker, klicker, klacker, knacke Nüsse, knacke wacker!"

Dabei klopft die Erzieherin die Walnußschalen waagrecht aufeinander, die *rechte* Hand oben.

Die Erzieherin dreht nun überdeutlich die Nußschalen mit der *linken* Hand nach oben und klackert dazu. Der *Bewegungswechsel* deutet den *Silbenwechsel* an:

Schnick ruft: Ha, das kann ich auch:
„Klacker, klicker, klacker, klicker,
meine Schalen sind noch dicker!"

Jetzt dreht die Erzieherin die Nußschalen senkrecht, und Schnick und Schnack reimen zusammen:

„Klicker, klacker, kluckurus,
springt heraus die schöne Nuß!"

Alle Kinder erhalten auch zwei Walnußhälften, und Schnick und Schnack führen ihr Wortspiel noch ein- oder mehrmals durch. Aussprache und Artikulation der Erzieherin sind überdeutlich.
Wiederholungen durch Lautstärke, Tonstärke (Dynamik), Artikulation gestalten und variieren.

„TIPP – TAPP, TRIPP – TRAPP"

Die Kinder sitzen im Kreis, und jedes erhält zwei große Streichhölzer. Beim Herausziehen der Hölzchen entsteht ein Geräusch, das wir hören können, wenn wir intensiv zuhören. Sie halten sie mit den Köpfen nach oben.
Die Erzieherin spricht und spielt dazu:

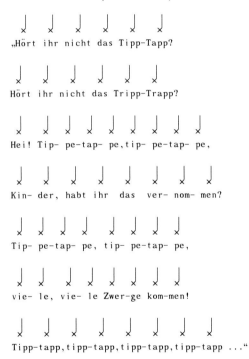

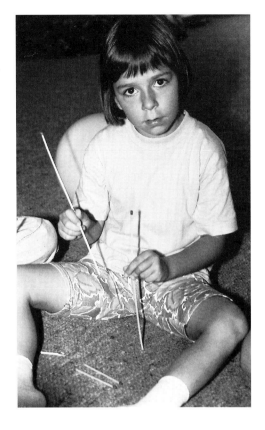

In der letzten Zeile wird die Stimme immer leiser, so als ob die Zwerge immer weiter weg verschwinden.
Die Kinder können dabei auch die Augen schließen, und die Erzieherin stellt schnell einen Holzteller mit vielen Zwergen in die Kreismitte. Öffnen die Kinder am Schluß die Augen, so sind tatsächlich viele Zwerge gekommen!
Dieser Vers kann in eine Zwergengeschichte überleiten.

Mehrmalige Wiederholung von Spielen und Sprechen ist wichtig. So können die Kinder am Boden sitzend auch mit den Füßen oder den Händen, den Ellbogen oder den Fingern in der Kleinbewegung zum Sprechen üben. Im Raum in der Großbewegung wird dann wieder das *ganze* Kind angesprochen.

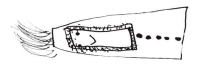 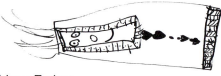

Strickanleitung für die kleinen Fingerzwerge

Stricknadeln Nr. 3, Wollreste in beliebigen Farben.
Anschlag: 18 Ma. 6 R. 2 re, 2 li stricken, anschließend glatt rechts stricken. Nach der 4. Reihe jeweils am Anfang und Ende der Reihe 1 Ma. abnehmen. Die letzten 6 Ma. mit dem Endfaden zus.-ziehen und die Naht schließen. Die Zipfelmütze mit Fransen abschließen. Gesicht einsticken. Haare und Bart einknüpfen oder aufsticken. Paarweise fertig gestalten. Viel Erfolg und Spaß!

Sprechzeichnen

Warum Sprechzeichnen im Kindergarten?

Die Sprache verkümmert immer mehr in unserer Gesellschaft. Sätze werden oft nicht mehr ganz ausgesprochen, Hinweise werden meist nur in Befehlsform und nicht in einer Erklärung geliefert. Auch im Benennen der Begriffe sind die Menschen fauler geworden: Das „Ding" da! ist einfacher zu sagen, statt sich um einen treffenden Begriff zu bemühen. Gespräche gehen im Fernsehalltag unter.

Erfahren – Erkennen – Benennen

So treten immer häufiger Sprachauffälligkeiten oder gar Sprachstörungen schon im Kleinkindalter auf. Die Erzieherin kann diesen bedrückenden Erscheinungen schon in den ersten Anfängen entgegentreten, indem sie bewußt die Sprache pflegt. Die Rhythmik ist hier sehr geeignet, dies zu unterstützen, da ihr methodisches Prinzip

Erfahren – Erkennen – Benennen

mit der Wechselbeziehung von Sprache und Bewegung in einer ganzheitlichen Erziehungsweise wirkt.

Zur Methode des Sprechzeichnens

Beim Sprechzeichnen werden in einer rhythmisierten, sprachlich begleiteten Zeichenbewegung kreisende, schwingende oder eckige Formen in die Luft oder mit Kreide auf großes Papier gezeichnet. Auch eine große Wandtafel ist gut geeignet!

Einige Zeichenbeispiele:

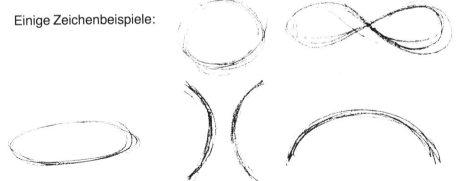

Der Sinn des Sprechzeichnens liegt nicht in der Darstellung von Formen oder Zeichen, sondern in der ablaufenden Bewegung zum gleichzeitigen Sprechen. Sprache und Bewegung bilden eine Einheit, sie beeinflussen unmittelbar das vegetative Nervensystem, woraus sich eine rhythmisierte Atmung und eine besondere Entwicklung des Körpergefühls ergibt.

Sprachauffällige oder leicht sprachgestörte Kinder erfahren spielerisch und ohne Verkrampfungen einen gleichmäßigen Sprach- und Bewegungsfluß. Durch die Konzentration auf eine Form wird von der stockenden Sprechweise des Kindes abgelenkt.

Motorisch gehemmte Kinder können über große Bewegungen mit Bändern, Tüchern oder Seilen, mit Kreide- oder Kleistermalen in ihrem Körpergefühl gefördert werden. Hier ist die rhythmisierte Sprache und die gleichbleibende Bewegung der Antrieb.

Der Sprechvers bildet den zeitlichen Rahmen.
Bei allen Übungen ist auf Beidseitigkeit und auf evtl. auftretende Verkrampfungen der Kinder zu achten. Sinnvolle Vorübungen sind:

- kreisende Murmeln in einem Teller,
- kreisende Holzkugeln oder Tennisbälle in einer Handtrommel oder einer Schüssel,
- kreisende Kastanien oder Nüsse ebenso.

Der Erfolg liegt natürlich nicht in der Einmaligkeit der Durchführung dieser Methode. Wie immer bringen die Wiederholungen Ruhe und Sicherheit in Sprache und Bewegung. Veränderungen in Lautstärke, Charakter und Tempo von Sprache und Bewegung gestalten dieses Spiel für die Kinder lebendig.

Sprechzeichnen am Beispiel „Sieben kecke Schnirkelschnecken"

Die Kinder haben in den letzten Tagen leere Schneckenhäuschen gesammelt und in den Kindergarten mitgebracht. Wir betrachten unsere Häuschen, beschreiben sie in ihrer Farbe, Struktur und ihren besonderen Eigenschaften. Wir entdecken, wo die Schnecke ihren Schnirkel hat, daß man den Schnirkel auch mit geschlossenen Augen ertasten kann. Die Kanten zum Eingang des Schneckenhauses sind möglicherweise sehr scharf. Wenn man hineinbläst, entsteht ein Geräusch oder sogar ein Ton! Der kann sich auch je nach Blasen verändern! Auch entstehen beim Kullern oder vorsichtigen Klopfen mit den Häuschen verschiedene Geräusche und Töne. Die Kinder finden das schnell selbst heraus. Die Erzieherin sollte ruhig zur Nachahmung und Begleitung mit der Stimme motivieren. In solcher Nachahmung intensiviert sich das Hören!

Methodischer Ablauf

Die Erzieherin spielt auf der Flöte, dem Xylophon, dem Tamburin o. a., im Tempo Gehen.

1. Teilschritt: Bewegung im Raum

Die Kinder tragen ihr Schneckenhaus zur Musik durch den Raum:
- auf der Handfläche,
- auf dem Handrücken,
- auf der Schulter,
- auf einem Finger steckend,
- in den Handflächen versteckt.

Die Kinder können ihre Schneckenhäuser auch auf den Boden legen und mit allergrößter Vorsicht drumherum gehen, bis sie bei Musikende ihr eigenes Haus wieder finden. Das Tempo muß hier allerdings langsam sein, und der Charakter des Instrumentalspiels kann die Kinder ohne große Worte zur Vorsicht anregen.

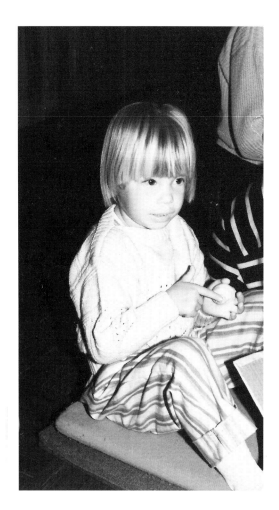 

2. Teilschritt: Impuls der Erzieherin: Bei Musikende treffen sich alle Kinder in der Raummitte.
Einführung des   Die Erzieherin legt in die Kreismitte ein Tuch. Darauf stellt sie eine Wurzel, die
Sprechverses   Kinder legen ihre eigenen Schneckenhäuser um die Wurzel herum. Auf die Wurzel setzt sie nun nacheinander eigene Schneckenhäuschen. Dazu spricht sie ein Gleichmaß:

Eine kecke Schnirkel-
schnecke
...
zwei kecke Schnirkel-
schnecken
...
drei kecke Schnirkel-
schnecken
...
vier kecke Schnirkel-
schnecken
...
fünf kecke Schnirkel-
schnecken
...
sechs kecke Schnirkel-
schnecken
...
sieben kecke Schnirkel-
schnecken

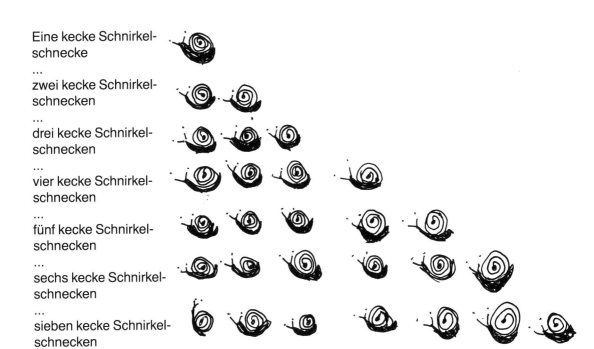

Aus dieser Aufzählung heraus entsteht der Sprechvers, der natürlich gleich mehrmals wiederholt wird. Durch verschiedene Gestaltung, durch die artikulierte Sprache, durch lebendige Mimik und Gestik wird er nicht langweilig für die Kinder, und sie werden ihn mit der Zeit einfach mitsprechen. Sehr wichtig ist das immer stetige, rhythmisch gleichmäßige Sprechen:

„Sieben kecke Schnirkelschnecken, (mündlich überliefert)
. . .
saßen einst auf einem Stecken,
. . .
machten dort auf ihrem Sitze,
. . .
kecke Schnirkelschneckenwitze!"
. . .

3. Teilschritt: Teilbewegung und Lernen des Verses	Die Kinder nehmen ihre Schneckenhäuschen zur Hand und zeichnen den Schnirkel nach, dazu spricht die Erzieherin den Vers wie vorher über einem gleichbleibenden Metrum (wie ein Pulsschlag), ohne zu unterbrechen oder zu korrigieren. Die notwendigen Wiederholungen werden variiert: – durch laut und leise, – durch verschiedene Gestaltung der Stimme (Charakter wie: frech, lustig, unheimlich usw.), – durch Sprechen in Gruppen, – durch verschiedene Tempi.
4. Teilschritt: Malbewegungen in verschiedenen Tempi	Jetzt legen alle die Schneckenhäuschen an einen sicheren Platz zur Seite, möglicherweise wieder auf das Tuch in der Mitte, und wir malen Schnirkel in die Luft. Das Tempo des Sprechens verändert sich mit der Größe des Schnirkels, den wir in die Luft zeichnen: – große Bewegung = langsames Tempo, – kleine Bewegung = schnelles Tempo. Der Schnirkel kann winzig klein sein und z.B. auf dem Knie sitzen, oder ich kann die Schnecke wie „Das größte Haus der Welt"[5] (Bilderbuch) „aufblasen", dann müssen wir im Stehen in die Luft malen. Beim Sprechzeichnen auf *Beidseitigkeit* achten. Auch beide Hände zusammen können malen.
5. Teilschritt: Bewegung wird hörbar und sichtbar!	Wenn die Kinder den ganzen Vers mühelos beherrschen (das kann auch mehrere Tage dauern), teilt die Erzieherin große Papierbahnen aus. Der Vers wird mit den Händen auf das Papier gemalt, groß oder klein, laut oder leise, mit rechter oder linker Hand, oder mit beiden Händen. Zunächst können wir die Bewegung noch nicht sehen, aber durch das Papiergeräusch *hören*.

---

[5] Leo Lionni „Das größte Haus der Welt", Middelhauve-Verlag, Köln

Hörbar wird:
- das Tempo des Sprechens und Malens,
- die Intensität, wie leise oder laut, leiser oder lauter,
- der Charakter der Stimme (lustig, frech usw.).

Wenn wir flüsternd sprechen, ist der Effekt noch deutlicher! Die Kinder erhalten nun eine Kreide – jetzt wird die Bewegung *sichtbar!*

Sichtbar wird nun:
- das Tempo des Sprechens und Malens im Zusammenhang mit der Größe der Bewegung,
- die Intensität, die Dynamik, in der Stärke des Kreidestrichs,
- die Betonung beim Sprechen durch verschieden dicke und dünnere Striche, durch Akzente,
- der Charakter des Sprechens durch runde oder eckige Bewegung/Strichführung.

Reime und Verse zum Sprechzeichnen
(mündlich überliefert)

Schnick, Schnack, Dudelsack,
unser Kind will tanzen,
hat ein rotes Röcklein an
rundherum mit Fransen.

Eins, zwei, drei, rische, rasche rei.
Rische, rasche, Plaudertasche, 1, 2, 3.

Ei wie langsam, ei wie langsam
kommt der Schneck von seinem Fleck.

Hin und her, hin und her,
grad und krumm und kreuz und quer.

Schaukel hin und schaukel her,
kleiner Frosch und kleiner Bär.

Es war einmal ein Pudelhund,
der war nicht groß, doch kugelrund
und aß gern frische Brötchen.

Das Karussell, das Karussell
fährt schneller als der Wind,
und wenn die Fahrt zu Ende ist,
dann bimmelt es geschwind.
Bim, bim bimmelimmelim.

Wir dreschen, wir dreschen, wir dreschen das Korn.
Und ist es gedroschen, dann geht es von vorn.

Kreisel, kleiner Kreisel, dreh dich immerzu!
Um und um und rundherum, und jetzt kommst du!

Roller, Roller, rattatat,
wenn Robert einen Roller hat,
dann rollt er durch die ganze Stadt.
Roller, Roller, rattatat.

Pitsche, Pitsche, Patsche,
bei Regen gibt es Matsche.
Matsche, Matsche, das macht Dreck!
Händewaschen, du bist weg!

Ich bin ein Männlein klitzeklein
und tanze stets auf einem Bein.
Ich kann mich drehen wie der Wind,
herumdidibum, im Kreis geschwind.

Seifenblasen, Seifenblasen,
dürft euch ja nicht stechen lassen!
Innen Luft und außen Luft,
wenn ihr platzt, seid ihr verpufft!

Leise gehet, leise wehet
durch die Zweige hin der Wind.
Auf und nieder, hin und wieder,
schaukelt er mein Kind.

Sieben kecke Schnirkelschnecken
saßen einst auf einem Stecken.
Machten dort auf ihrem Sitze
kecke Schnirkelschneckenwitze!

Riesenschnecke

Siehe auch Waltraud Seyd: Sprache und Bewegung, Neckar-Verlag, Villingen.

Ein Bilderbuch wird lebendig: „TAO"
– ein Themenkomplex für die Rhythmik

Themenkomplex in der Rhythmik?

Wie der Name schon aussagt, ist ein Themenkomplex, man könnte auch Spielkomplex sagen, ein Gesamtthema, das mehrere Teilthemen umfaßt. Es wird versucht, *einen* thematischen Bereich durch verschiedene didaktische und methodische Strukturen vielschichtig und ganzheitlich zu erfahren. Das gibt der Erzieherin die Möglichkeit, lange, ausführlich und auf breiter Basis an einer Sache zu arbeiten. Dadurch ist es auch leichter, Wiederholungen zu differenzieren und die Eigenaktivitäten und das Mitgestalten der Kinder am Thema mit einzubeziehen.

Im Kindergartenbereich ist die Gestaltung eines Themenkomplexes noch viel breiter möglich. Zur Rhythmik ergänzen sich Rollen – oder Geschichtenspiel, Bilderbucherzählung, Werken, Malen, Lied und Liedgestaltung, Naturerkundung und Naturkundliches Experimentieren und vieles mehr.

Gliederung in Teilthemen

In Themenbereich „TAO" ergeben sich die Teil- oder Unterthemen für die einzelnen Rhythmikspielstunden aus den Einzelbildern des Bilderbuches.
1. Ruhe – Bewegung
2. Fühlen – Tasten
3. Hören
4. Sehen
5. Vertrauen – Helfen

Weitere Teilthemen wie Schmecken, Riechen, Freude, Liebe können durch andere Bereiche im Kindergarten erarbeitet werden.

Ein bevorstehendes Sommerfest oder auch Kirchen-, Gemeindefest könnte durch diesen Themenkomplex bereichert werden, da auch christliche Themen wie Verantwortung, Glück, Vertrauen u. a. im Buch angesprochen werden. Durch die Rhythmik hat der Erzieher die Chance, solche eher theoretischen Sachgebiete ganzheitlich zu vermitteln. Diese methodischen Hilfen hat kein anderer Erziehungsbereich so intensiv – nur die Rhythmik!

Themenkomplex für die Rhythmik nach dem gleichnamigen Bilderbuch „TAO" von Else Schwenk-Anger, ESA-Verlag, Alpirsbach.

Inhalt des Bilderbuches

TAO ist ein kleiner Rabe, der alle seine Federn verloren hat, weil er sich nur noch um ein glitzerndes Goldstück kümmert. Er könnte seine Federn wiederbekommen, wenn er gleichzeitig wichtige Eigenschaften für sich zurückgewinnt. TAO kann diese Eigenschaften nicht sehen, aber er *erlebt* und *begreift* sie. Das Glückskäferchen ist ihm dabei als Freund und Vertrauter eine große Hilfe. Das Ende der Geschichte ist offen. Es bleibt dem Kind überlassen, sich auszudenken, wie TAO mit seinem weiteren Leben umgeht.

Erleben – Erkennen – Benennen, diese Prinzipien der Rhythmik ermöglichen den Kindern wichtige Grunderfahrungen in ihrer Ganzheit von Körper, Seele und Geist.

Die Geschichte des Buches zieht sich wie ein roter Faden durch den ganzen Spielkomplex. Dabei kann die TAO-Marionette als sichtbarer Impuls auftreten. Diese Marionette kann von den Kindern sehr einfach aus Holzkugeln im Werken erarbeitet werden. Ebenso das kleine Glückskäferchen, das sehr schnell als ein Woll-Pompon mit aufgesetzten schwarzen Filzpunkten lebendig wirkt.

Einführung in das Thema

Die TAO-Marionette ist zusammen mit dem Glückskäferchen in zwei Kokosnußhälften oder unter einem Tuch versteckt. Beide holt die Erzieherin hervor, und sie erzählen in groben Zügen ihre Geschichte.
Anschließend wird das Bilderbuch erzählt und betrachtet. Dies kann gut in einzelnen Abschnitten geschehen. Wenn die Kinder durch wiederholtes Betrachten des Buches die Geschichte gut kennen, wird die Erzieherin in den Spielkomplex einsteigen.
Die Teilthemen müssen nicht in der hier aufgeführten Reihe erarbeitet werden. Es wird sich ergeben, welche Reihenfolge der Teilthemen im Gesamtzusammenhang richtig ist.

1. Thema: Ruhe – Bewegung

Die TAO-Marionette bewegt sich im Kreis vor den am Boden sitzenden Kindern und erzählt noch einmal von ihrem Unglück. Dabei betont die Erzieherin das Gehen der Marionette und das durch die Holzfüße entstehende Geräusch „klick – klack" oder „tipp – tapp" mit der Sprache.

Die Kinder begleiten nun das Gehen mit den Händen in der Teilbewegung auf dem Boden und sprechen dazu.
– Geht der TAO schneller, spielen auch die Hände schneller.
Ebenso die Sprache:
– Geht der TAO langsamer, spielen auch die Hände langsamer.
   Ebenso folgt die Sprache.

Bewegung im Raum zur Musik

Die Erzieherin spielt „klick – klack" oder „tipp – tapp" auf dem Tamburin, den Hölzchen, der Holzblocktrommel oder einem ähnlich klingenden Instrument. Die Kinder bewegen sich im Raum dazu. Verschiedene Tempi und Lautstärken wechseln. Den Impuls verstärkt die Sprache.

Die Vorstellungshilfen zu den verschiedenen Bewegungsarten kommen aus der Geschichte, z.B.:
– TAO schleicht mit seinem Goldstück durch die Wiese, weil er Angst hat, man nimmt es ihm weg.
– TAO schleppt mühsam mit großen schweren Schritten das Goldstück.
– TAO freut sich über eine neue Feder und hüpft fröhlich über die Wiese.
– TAO schleppt sein Goldstück über Stock und Stein, dabei benützt er seine Füße mal auf den Außenkanten, den Innenkanten, mal nur auf der Ferse oder den Zehenspitzen.

Bewegung um Hindernisse

Die Kinder erhalten als Goldstück einen Gymnastik-Reifen oder einen etwas kleineren Plastikreifen und schleppen ihn auf verschiedene Weisen durch den Raum.
Ist die Musik zu Ende, suchen sie sich für ihr Goldstück einen Platz im Raum. Sie können sich reinsetzen, auf die Kante setzen, reinlegen, stehen, knien, drumherumlegen usw.
Bewegung um die Reifen und Ruhephasen wechseln sich ab. Die Position für die Ruhephase wird vor der beginnenden Bewegung angesagt, so daß die Kinder sich ihre Aufgabe merken müssen. Hier sollen die Kinder ihre Ideen selbst einbringen. Die Erzieherin greift die Impulse der Kinder auf.
In den Ruhephasen zwischen der Bewegung finden die Kinder selbst Möglichkeiten, wie der TAO sich ausruhen könnte. Die Erzieherin kann einzelne Ideen aufgreifen und in der Gruppe gemeinsam ausprobieren lassen:
– TAO kauert sich beim Schlaf zusammen,
– TAO legt sich so lang wie möglich,
– TAO legt sich auf die Seite, lauscht dabei. Was hört er? Hier könnte die Zeit für eine Hörübung oder eine Entspannungsübung genützt werden.
Die Ruhephase kann auch zur Sinnesspielübung, zum Er-Tasten des Reifens genutzt werden. Die Kinder beschreiben die Eigenschaften: rauh, kantig, glatt, gerillt oder kalt, ohne Ende usw.

Ruhepositionen finden sich leichter aus einer starken Bewegung heraus. Die Kinder kommen in eine aufnahmebereite Position (z. B. aus dem Hüpfen in den Reifen setzen oder legen). Sie schließen die Augen, kleinere Kinder können sie in den Händen oder Armen verstecken.
– Die Kinder beobachten, wie schnell ihr Atem geht, sie *spüren,* wie ihr Herz klopft, und auch, wie der Atem langsam zur Ruhe kommt.
– Die Kinder *hören* in ihre Umgebung und „sammeln" die Geräusche in ihrer Erinnerung. Welche Geräusche sind angenehm oder unangenehm? Kann ich die unangenehmen ein Stück verdrängen? Im Benennen werden diese Erfahrungen bewußt gemacht. Hier ist ein Impuls aus der Geschichte möglich: „TAO schließt die Augen und denkt an das Funkeln und Glitzern der Sterne in der Nacht..."

Musik hören und wiedergeben

Die Erzieherin spielt auf der Triangel, den Fingerzimbeln oder einem Glockenspiel (später können auch die Kinder spielen). Solange die Kinder die Musik hören, zeichnen sie mit ihrer Hand den Klang in die Luft („an den Himmel").

Umkehrung: Alle Kinder erhalten ein Klanginstrument, ein Kind zeigt, wie lange die Sterne funkeln, also die Instrumente spielen sollen.
Weitere Bewegungs- und Ruhephasen werden auch im Spiel mit Reissäckchen und Tüchern erlebt (siehe andere Teilthemen).

Aus einer starken Bewegungsphase heraus suchen sich die Kinder eine Ruheposition am Boden und schließen oder verstecken die Augen. Die Erzieherin legt jedem Kind ein angewärmtes *Reis-Säckchen* (durch Sonne, Heizung, Ofen bei 40 Grad) auf den Rücken, den Bauch, den Arm oder Nacken.

2. Thema: *Fühlen – Spüren*

Wahrnehmungsförderung im Spiel mit Reissäckchen

Kinder spüren die Wärme. Nach einiger Zeit erzählt die Erzieherin von TAO, der die Sonnenstrahlen gespürt hat. Das war schön für ihn. Jetzt können die Kinder ihre Empfindungen äußern. Sie suchen noch andere Stellen an ihrem Körper, wo sie die Wärme des Säckchens spüren wollen. Die Erzieherin kann mit den Kindern vergleichen.

Bewegung mit den Reissäckchen

Das Säckchen wird auf verschiedene Weise durch den Raum getragen:
– auf der Hand, der Schulter, dem Ellbogen, dem Fuß, dem Kopf usw.

Will die Erzieherin die Kinder zu noch mehr Vielfältigkeit motivieren, so schränkt sie den Körperteil ein: z. B. nur auf der Hand:
Welche Möglichkeiten gibt es: Handinnenfläche, -kante, -rücken, -ballen, zwischen den Fingern, auf einem Finger usw.

Bei Musikende sucht sich jedes Kind einen Platz im Raum und setzt sich auf sein Säckchen drauf. Spüren wir das Säckchen? den Reis? ist es weich oder hart zum Sitzen?

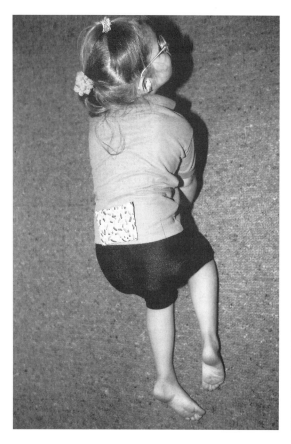

Die Säckchen bleiben liegen, die Kinder gehen, laufen, hüpfen, schlurfen, tippeln um die Säckchen herum. Bei Musikende kehren sie zurück und legen das Reissäckchen jedesmal auf eine andere Weise an den Platz: flach, auf der Kante, übers Eck, als „Sofakissen" usw.

Bewegung um die Reissäckchen herum

Methodischer Hinweis:
Bewegungs- und Ruhephasen wechseln sich ab. So kann das Kind jede Phase in ihrer Eigenart genießen.

Bei Musikende kehren die Kinder wieder zum Säckchen zurück. Wir erforschen die Eigenschaften des Reissäckchens:
– Kann ich den Reis spüren? Woran erkenne ich, daß es Reis ist? – Wie groß, rund, spitz ist ein Körnchen?

Sinnesspielübung

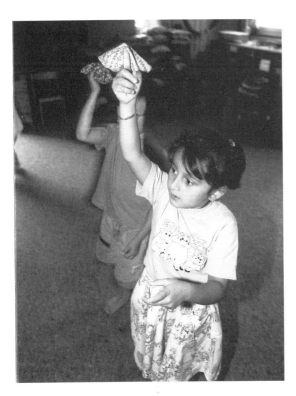

- Kann ich es durch den Stoff fassen und spüren? Das Säckchen kann fest, weich, beweglich sein.
- Es kann Geräusche erzeugen, auch direkt am Ohr, laute und leise Geräusche.
- Das Säckchen kann man gut werfen! Alleine, zu zweit oder in der Gruppe.

Partnerspiel mit Reissäckchen

Zwei Kinder spielen und experimentieren mit *einem* Säckchen. Impuls zur Differenzierung: Könnt ihr das Säckchen auch ohne die Hände zum Partner transportieren?
Die Erzieherin greift einzelne Spielideen auf, und die Gruppe probiert sie gemeinsam aus. Dann wird weiterexperimentiert.

Gruppenspiel

Wir sitzen im Kreis:
Jedes Kind kann *seine* Spielidee beim Transport *eines* Säckchens im Kreis herum einbringen:
- auf der Handinnen- oder -außenfläche,
- auf der Zeigefingerspitze,
- auf dem Ellbogen,
- mit dem/den Füßen usw.

Impuls: Wir stellen uns vor, das Säckchen ist *heiß!* Jetzt geht der Transport sehr schnell! Oder: das Säckchen ist sehr schwer – pantomimisches Spiel motiviert differenzierte Bewegungen!

Gruppenspiele als möglicher Abschluß einer Spielübung:
- Mit den Säckchen eine Reihe legen, barfuß darüberbalancieren, die Säckchen spüren, auf Zehenspitzen darübergehen,
- an der Reihe entlanghüpfen.
- Den Abstand zwischen den Säckchen in der Reihe vergrößern, die Kinder führen sich „blind" über diesen Weg.
- Mit allen Säckchen wird ein großer Berg oder Turm gebaut.
- Die Kinder werfen sich ein Säckchen im Kreis zu.

3. Thema: Sehen

In einem Korb fühlen und tasten die Kinder mit geschlossenen Augen Chiffontücher in vielen Farben. Dabei können schon Eigenschaften wie weich, leicht, dünn u. a. benannt werden.

Jedes Kind hat ein Tuch, die Erzieherin gibt den Impuls: *„Laß dein Tuch* zur Musik *tanzen"*! (Nicht das Kind, sondern das Tuch soll tanzen, somit wird die Tanzbewegung auf das Tuch konzentriert, und das Kind kann sich ohne Hemmungen oder aufgesetzte Bewegungsmuster bewegen.)

Tücher und Musik

Mögliche Musik: Orgel und Panflöte, gespielt von Zamphir, sehr ruhig, gleichbleibendes Metrum.

Impulse zur Differenzierung dieser Experimentierphase:
– Das Tuch kann beim Tanzen dan *ganzen* Raum erfassen.
– Ich kann das Tuch auf verschiedene Weise fassen: am Eck, in der Mitte, mit einer Hand/beiden Händen, über der Schulter, dem Arm usw.
– Das Tuch kann die Melodielinien der Musik in die Luft malen.
– Zwei Tücher werden zu Schmetterlingsflügeln, die Kinder verwandeln sich, stecken sich die Tücher in die Armkleider. Dabei sollen die Kinder *selbst* die Lösungen dazu finden.

Impuls zum Partnerspiel

„Es kann sein, daß dein Tuch beim Tanzen ein anderes Tuch trifft. Sie tanzen eine Weile zusammen." Möglicherweise werden es auch drei oder mehr Tücher, die zusammen tanzen.

Partnerspiel mit einem Tuch und einem Tischtennisball: Zwei Kinder halten ein Tuch an den vier Ecken gespannt. Die Erzieherin legt einen Tischtennisball darauf. Jetzt sind die Kinder augenblicklich motiviert, zu spielen und zu experimentieren.

Gruppenspiel: Das „Blumenspiel"

Alle Kinder sitzen im Kreis und stopfen ihr Tuch ganz fest in die Hand hinein, so daß nichts mehr von dem Tuch herausschaut. (Kleine nehmen beide Hände.) Wir vergleichen das Tuch mit einer Blumenzwiebel oder mit Samen im Frühjahr, die wachsen wollen.

Musikvorschlag: J. S. Bach, „Air" aus der Suite Nr. 3 D-Dur.

Die Kinder sitzen in absoluter Ruhe. Die Musik begleitet unser Tun. Wir öffnen sehr langsam die Hände, bis das Tuch (die „Blume") sich ganz entfaltet hat.

Verschiedene Verlaufsmöglichkeiten *nach* dem Öffnen:
– Die Kinder tragen ihre „Blumen" zur Musik im Raum (die Erzieherin spielt selbst die Musik, um das Tempo anzupassen).

- Jedes Kind sucht sich bei Musikende einen Platz für seine Blüte. Bewegung um die Blüten herum. Hier kann die Erzieherin jederzeit die Kinder wieder an die TAO-Geschichte auf der Wiese erinnern und den Bezug zum Themenkomplex herstellen.
- Schmetterlinge können um die Blüten fliegen.
- Alle gleichfarbigen Blüten werden zueinander gepflanzt (Orientierungshilfen geben).
- Wir gestalten mit den Blüten und weiteren Tüchern ein großes Bild am Boden. Hier kann die TAO-Marionette kommen und die farbigen „Blumen" auf der Wiese bestaunen. Die Kinder erzählen und benennen dabei ihre Erlebnisse und Erfahrungen.
- Alle Kinder legen ihre Blüten auf ein großes Schwungtuch.
  Musikvorschlag: CD von Deuter, „Land of Enchantment".

Drei Lieder zum Thema „Sehen"

1. Lied:
Unsre Wiese hinterm Haus (Mündlich überliefert, Textfassung: Waltraud Herdtweck)

2. Unsre Wiese hinterm Haus sieht so bunt und lustig aus.
   Pusteblumen, weiß wie Schnee, grüne Blätter hat der Klee.
   Unsre Wiese...

3. Unsre Wiese hinterm Haus sieht so bunt und lustig aus.
   Roter Mohn und blauer Stern, Glockenblumen hab' ich gern.
   Unsre Wiese...

   Weitere Strophen selbst erfinden!

Liedbegleitung:
F-Dur Dreiklang: f – a – c, auf einem Stabspiel für die erste und letzte Zeile (möglich als Klang oder als Einzeltöne).
Zweite Zeile: Klanginstrumente, die den Inhalt gestalten, z. B. Triangel, Saitenspiel, Fingerzimbeln oder nur Gesang.

2. Lied:
In unserm Garten blühen die Blumen (Lucie Steiner, Melodie: volkstümlich aus Polen)

2. In unserm Garten summen die Bienen, fliegen von Blüte zu Blüte dahin. Alle sind heut' von der Sonne beschienen, Veilchen, Blaukissen, schön Rosmarin. Tralalalala...

3. In unserm Garten Vögelein singen, früh schon am Morgen pfeifen sie hell. Dann hab' ich Lust zu tanzen und zu springen, in meinen Garten lauf' ich dann schnell. Tralalalala...

Liedbegleitung:
Teil 1: Dreiklang f – a – c – mit Wechsel nach c – e – g und zurück auf einem Stabinstument, der Wechsel ist eingezeichnet durch F und C.
Teil 2: „Tralalalala..." mit Rhythmusinstrumenten: Sprach- und Spielrhythmus sind identisch.

3. Lied:
Sommer legt sein grün Gewand (mündl. überl. aus den französischen Alpen)

2. Blumen blühen überall.
   hell erklinget Vogelschall.
   Blätter im Winde wiegen sich fein,
   fliegen die Wolken im Sonnenschein.
   Himmel und Erde laden ein.

Liedbegleitung:
F – A – C – Dreiklang, als Klang oder in Einzeltönen. Auch mit weiteren Klanginstrumenten auf Betonung des ersten Tones im Vierer-Takt, den Akzent vorsichtig mitklingen lassen!

Wir bewegen uns zur Musik im Raum. Dabei können die Kinder sich schon „unauffällig" einen Partner suchen, indem sie sich z. B. zublinzeln, zuschnipsen oder zuklatschen. Berühren soll ausgeschlossen werden, damit die Kinder andere Lösungen der Kontaktaufnahme suchen müssen.
Bei Musikende sucht sich dann jedes Kind seinen Partner.
Einer führt den Anderen. Ohne Musik.

4. Thema: Vertrauen – Helfen – Freund-Sein

Führen und folgen

Vorstellungshilfen durch die Geschichte: „TAO ist noch sehr verwirrt und unsicher, daß er alle seine Federn verloren hat. Das Glückskäferchen ist sein Freund und führt ihn."
Die Kinder probieren verschiedene Lösungen aus: mit einer Hand, beiden Händen, um die Schulter fassen, an den Schultern führen usw.
Wir besprechen, welche die besten Lösungen sind, wo die Kinder sich am sichersten fühlen, welche Probleme auftauchen. Dabei werden Begriffe wie Angst, Vertrauen, Orientierung, Helfen, Sich-sicher-Fühlen u.a. benannt.
Jedes Paar findet die für sich geeignete Lösung. Der Geführte kann dabei auch die Augen schließen.

Impulse zur Differenzierung:
– Nur die Handflächen liegen ineinander, nur wenige Finger berühren sich noch.
– Hindernisse erschweren den Weg (Stühle, Schuhe, Reifen).
– Führen und Folgen mit dem Reifen oder Seil.
– Führen und Folgen mit dem (gespannten) Tuch.
– Die Erzieherin legt einen bunten Tischtennisball auf jedes gespannte Tuch der Paare.
  Der Ball soll nicht herunterfallen, auch wenn wir mit dem Tuch in die Höhe, zum Boden, zur Seite, in den Raum hinein gehen oder den Ball vorsichtig kreisen lassen.

Alle fassen ein großes Schwungtuch oder ein Tuch aus Faschingsseide. Impuls: Von der Ruhe zur Bewegung und wieder zur Ruhe kommen. Mögliche Musik: Deuter, „Land of Enchantment" oder Kitharo. Man könnte auch einen oder mehrere Tischtennisbälle, Papierbälle oder Luftballons auf dem Tuch tanzen lassen.

Gruppenaufgabe

TAO – EINE KLANG-GESCHICHTE

(Text und Inhalt sind frei gestaltet von W. Herdtweck nach dem Bilderbuch von Schwenk-Anger.)

Methodische Hinweise

Die Erzieherin erzählt mehrmals die gleiche Geschichte. Dabei kann sie schon als Impuls zur Weitergestaltung ein Instrument für den TAO einsetzen, z. B. eine kleine gleichbleibende Melodie auf einem Xylophon oder Glockenspiel. Und immer, wenn TAO auftaucht, erscheint dieses musikalische Motiv wieder. Nach und nach kann die Erzieherin mit den Kindern für die anderen Figuren oder Inhalte charakteristische Instrumente aussuchen. Dabei soll *nicht* die Vorstellung eines *fertigen Ergebnisses* des Erziehers im Vordergrund stehen, sondern es sollen die Ideen der Kinder eingebracht werden. So „füllt" sich nach und nach die Geschichte mit Klängen:

Es ist schon dunkel, aber Tao kann nicht einschlafen. Ruhelos geht er auf und ab, immer wieder.
Am Himmel leuchten die Sterne. „Sie funkeln wie lauter kleine Goldstücke", flüstert das Glückskäferchen." „Und man braucht sie nicht zu bewachen", murmelt TAO und schläft endlich ein. Er schläft tief und ruhig wie schon lange nicht mehr.

Musikteil:

- Sterne funkeln – eine Eule ruft oder ein Käuzchen – vielleicht tanzen auch Elfen auf der Wiese?

Sonnenstrahlen wecken TAO – warm sind sie, und diese Wärme dringt durch alle seine Glieder.

TAO geht in die Wiese hinein. Zwischen Blumen und Schmetterlingen fliegt das Glückskäferchen voraus.

Musikteil:

- Sonnenstrahlen wärmen – Schmetterlinge fliegen – das Glückskäferchen fliegt – TAO geht mit

Gräser streichen im Wind, Glockenblumen wiegen sich, fast könnte man meinen, sie läuten den Tag ein. Mohnblumen recken die Köpfe und öffnen langsam die Blüten. TAO bewundert sie im Vorübergehen.

Musikteil:

- Wind streicht mal stärker, mal schwächer und wieder stärker – Glockenblumen läuten zart – dazwischen öffnen sich Blüten – TAO geht –

TAO geht leise weiter, das Streichen des Windes in den Gräsern begleitet ihn. Sein Glückskäferchen fliegt immer wieder um ihn herum, setzt sich auf eine Blume, fliegt wieder weiter und so fort.

Musikteil:

- TAO geht – Wind streicht – Das Käferchen fliegt, ruht, fliegt wieder, ruht –

Schmetterlinge fliegen auf, setzen sich, fliegen weiter. Bienen und Hummeln summen und brummen. Eine Raupe krabbelt mühsam an einem Stengel hoch. TAO lauscht im Gehen. Ein Mäuschen huscht durchs Gras, schaut, lauscht, huscht weiter – ins Loch hinein – weg!
TAO kommt zum Bach.

Musikteil:

- Schmetterlinge fliegen – Bienen summen – Hummeln brummen – die Raupe krabbelt – das Mäuschen huscht – TAO geht –

Schon von weitem hört TAO den Bach gluckern und plätschern, er wird langsam lauter, Wasser spritzt über einen Stein, immer wieder.
TAO nimmt kleine Steinchen mit dem Schnabel auf und läßt sie ins Wasser plumpsen: plopp – plopp ...
TAO geht noch näher heran. Zwei Frösche sonnen sich auf einem großen Stein. Sonnenstrahlen wärmen sie. Jetzt erschrecken sie vor TAO, hüpfen in den Bach, am anderen Ufer wieder heraus – hinein – heraus – es scheint ein Spiel zu sein!

Musikteil:

– Bach gluckert – Wasser spritzt – Steine plumpsen – Sonnenstrahlen – Frösche hüpfen rein und raus –

TAO läuft am Bach aufwärts und sucht sein Glückskäferchen. Er findet es auf den weißen Blütenblättern einer großen Margerite. „Ich lausche", sagt er. „Ich höre Töne und Stimmen, die ich lange nicht mehr gehört habe."

Musikteil:

Hier können die Kinder noch einmal alle ihre musikalischen Motive, Geräusche, Klänge und Töne wiederholen:
funkelnde Sterne, Eule und Käuzchen,
mein fliegendes Glückkäferchen.
Sonnenstrahlen und den Wind,
Schmetterlinge, Bienen und Hummeln,
Gräser, Glockenblumen und die Mohnblumen,
eine krabbelnde Raupe und ein huschendes Mäuschen,
den gluckernden Bach, die Steine und die Frösche,
und – meine eigenen Schritte.

Noch ein Hinweis: Klänge, Geräusche, Motive werden intensiv nur nach mehreren Wiederholungen wahrgenommen. Auch können sie während des Erzählens noch weiterklingen. Dieses Wissen muß den Kindern mitgeteilt werden, das können sie noch nicht alleine finden.

Für die Praxis aus der Praxis

Reihe: **Die Kindertagesstätte**
Grundlagen – Inhalte – Methoden
Hrsg. von Josef Hederer

Ingeborg Becker-Textor

Der Dialog mit den Eltern

*72 Seiten, 22 Kinderzeichnungen, kartoniert,
ISBN 3-7698-0691-3*

Sinnvolle Elternarbeit zugunsten des Kindes erfordert gegenseitige Offenheit: Einblick gewähren in die Ziele und Methoden der Arbeit in Kindergarten und Hort, aber auch in den Alltag des Kindes in Familie und Elternhaus. Mit hervorragenden praktischen Anregungen.